U0611611

陈泰先◎编著

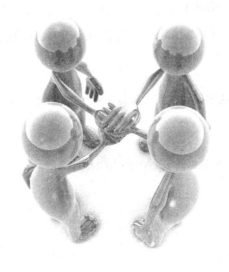

做人赢在
获得人心

中国华侨出版社

图书在版编目（CIP）数据

做人赢在获得人心 / 陈泰先编著. — 北京：中国华侨出版社，2011.11
ISBN 978 - 7 - 5113 - 1856 - 5

Ⅰ.①做…　Ⅱ.①陈…　Ⅲ.①人际关系学 — 通俗读物
Ⅳ.① C912.1 - 49

中国版本图书馆 CIP 数据核字（2011）第 226063 号

● 做人赢在获得人心

编　著 / 陈泰先

责任编辑 / 骁　晖

装帧设计 / 杨旭升

责任校对 / 孙　丽

经　销 / 新华书店

开　本 / 710×1000 毫米　1/16　印张 / 16.5　字数 / 229 千字

印　刷 / 北京登峰印刷厂

版　次 / 2012 年 5 月第 1 版　2012 年 5 月第 1 次印刷

印　数 / 4000 册

书　号 / ISBN 978 - 7 - 5113 - 1856 - 5

定　价 / 28.00 元

中国华侨出版社　北京市朝阳区静安里 26 号通成达大厦 3 层　邮编 100028
法律顾问：陈鹰律师事务所

编辑部：（010）64443979　64443056

发行部：（010）64443051　传真：（010）64439708

网　址：www.oveaschin.com

E - mail：oveaschin@ sina.com

前　言

做人，是一个永恒的话题，它经久不衰，历经考验，历经沧桑，却依旧具有鲜活的生命力，吸引着一代代的文人墨客、雅俗智者去解剖、去领会、去赞叹。尽管有无数人为它做过诠释，但始终没有一个终极的答案。何为对？何为错？每个人心中都有一杆秤，都有自己做人的标准和原则，该如何做人是每个人的自由和权利。

人心向背关系成败得失；得人心者，得天下。可见人心之重要。但是，人心难测，人心难懂，人心更难得。我们不可否认，每个人都想成为生活的强者、智者，都想做人成功，做事成功，都想获得别人的认可或赞赏。学会如何做人，获得人心，你所想要的将不再遥远、不再是梦。

生命是一张单程票，有去无回，匆匆忙忙的几十年，我们能做多少事？有的人的人生轰轰烈烈，跌宕起伏，辉煌灿烂，而有的人却是庸庸碌碌，默默无闻，辛苦乏味，何也？原因有很多，这里面占很大比例的就是你的做人。不论大事小事，都要靠人去做，得人心者，大事小事，事事顺心，事事成功；不得人心者，事事无成。

获得人心，就要言到、心到、手到。话要会说，不会表达，想再多，别人也不能透过肚皮看到你的心；心里要时刻装着别人，该让则让，该放则放，能忍则忍，让别人懂你的用心良苦；人是"做"出来的，自己的心热乎，才能让别人的心也跟着热乎。

本书结合详尽具体的事例，用生动的语言，灵活的视角，从十多个方面铺展开来，为您解惑答疑，阐述获得人心的方法，增强人格魅力，展现多面人生。做人也要做出水平来，做人赢在获得人心。

当然，由于水平所限，书中论述难免有未尽之言，或者错误偏颇之处，敬请广大读者朋友谅解指正。

目　录

第一章
妙语生花，能言善辩打动人

　　为人处世，说话是第一要事。因为与他人交流沟通主要就是通过话语来表达我们的意思，喜怒哀乐的情绪都在我们的话语里得到传达。一句话可以得罪人，一句话也可以将人说服，所以，会做人就要会说话，通过说话来获得人心。

　　说话是如此容易，又是如此之难；每个人都会，但是想说好却不是人人都能做到。妙语生花，能言善辩是人们对会说话的人的评价。练就嘴上功夫，通透说话诀窍，就能做到既解决问题，又不得罪人，还能获得人心。

　　1.分辨交谈对象，道出精辟之语　/3

　　2.说话"弯"着点，不要直来直去　/6

　　3.拐弯抹角说话，展现真实意图　/11

　　4.妙笔能生花，巧嘴可出彩　/13

　　5.批评的话说进人心里才是高水平　/16

　　6.说话找准切入点很重要　/19

目

录

Contents

第二章
面子该放下时就放下，真实更易赢得人心

有些人的面子观念历来深厚。面子不可不要，但也不能太过于爱面子，它会禁锢住你的头脑和手脚，适当的时候放下面子，能让你更得人心。

1. 放下面子成人之美　/25

2. 谦虚真诚，换得他人帮助　/27

3. 懂得忍让，放下面子化解争端　/30

4. 要懂得将鲜花献给对手　/32

5. 撇开面子，用真实赢得他人的认可　/34

6. 不要让面子成为与人争论的借口　/37

7. 别耍小聪明，放得下才是硬道理　/40

8. 放下"包袱"，做自己该做的事　/43

9. 保持一张笑脸不丢面子　/46

第三章
凡事让人三分，留点余地好做人

话不能说死，事不能做绝；得饶人处且饶人；世事无绝对；三十年河东，三十年河西。人的一生很长，不可能总是一帆风顺，在自己得意时，给别人留点余地，让人记住你的善良，在别人落魄时，要让人三分，给自己赚一份感激之情。做人做事留下回旋的余地，成全别人的同时也是在成全自己。宰相肚里能撑船，是一种王者风度。为人豁达，才能赢得别人的支持，才能获得人心。

1. 做人宽容，让人三尺获人心　/51

2.胸怀宽广，能容人处且容人 /54

3.懂得退让，让人三分 /57

4.留点余地，不要把事做绝 /59

5.善于说"不"，委婉中显从容 /61

6.得饶人处且饶人 /64

7.做人不可斤斤计较，谦恭礼让获人心 /66

8.关键时候予以恩泽，利人利己 /68

9.宽厚有度量，赢得好人缘 /71

第四章
世事洞明皆学问，能屈能伸得人心

人情练达即文章，世事洞明皆学问。在现实生活中，不是每个人都能参透其中的奥妙玄机。得意时的锋芒毕露，失意时的颓废落魄，都不是做人处世的高招。能屈能伸，静水流深方是做人的智慧，也是赢得人心的必备法则。

1.不可意气用事，适当妥协有好处 /75

2.藏巧守拙，用晦如明 /78

3."吃亏是福"有道理 /80

4.不要过分张扬个性 /83

5.该"违心"时就要"违心" /85

6.做好人也要讲原则 /88

7.才华显露要适可而止 /90

8."年轻气盛"要不得 /93

9.聪明做人不要锋芒太露 /96

10.能屈能伸者笑到最后 /99

目

录

Contents

第五章
朋友是桥，情谊如虹

朋友多了路好走，朋友是人生的财富。朋友是我们与世界接触的桥梁，情谊犹如连接天地的彩虹，他们是我们融入社会的媒介。人生得一知己不易，我们与朋友相处要真心以对，不能三心二意。

1. 结交朋友，为自己铺路　/103
2、改变他人不如改变自己　/106
3. 不要让钱财成为朋友相处的绊脚石　/109
4. 晴天留人情，雨天好借伞　/112
5. 多个朋友多条路　/115
6. 朋友相处要公私分明　/117
7. 君子之交淡如水　/119
8. 逆境之中看朋友　/121
9. 控制情绪，理智才能交朋友　/123
10. 朋友是一种资源，不能透支　/125

做人赢在获得人心
zuo ren ying zai huo de de ren xin

第六章
忍得一时，受用一生

忍一时风平浪静，退一步海阔天空。人生在世，总会遇到许多不顺心的事，这种时候，有些人就会冲动，乱发脾气，不能理智地分析事情的原委，使其得到合理的解决，这样很容易做出让自己后悔的举动。柏拉图曾说："要是你无法避免，那你的职责就是忍受。如果你命运里注定需要忍受，那么说自己不能忍受就是犯傻。耐心是一切聪明才智的基础。"忍耐是一种人生的智慧，忍得一时之气，方能成就大事，使自己受用一生。

1.忍得一时，以退为进 /131

2.忍一时之败，得一世之赢 /133

3.学会忍耐的智慧 /136

4.忍小节，才会成大事 /140

5.退一步，是为了进十步 /143

6.能忍耐，眼光长远钓大鱼 /146

7.能屈能伸，获益无穷 /148

第七章
必要时"糊涂"一点，智慧做人

　　难得糊涂，是人生的一种大智慧。在纷繁复杂的社会中，得糊涂时且糊涂，难得糊涂才是真正的智者。鲁迅先生曾说过："所谓'难得糊涂'实际上是最清醒不过了。正因为看得太明白、太清楚、太透彻，出于某种原因，不得不装起糊涂来……" 当然，我们还要做到小事糊涂，大事不糊涂。糊涂不是真傻，而是精明做人的一种谋略与智慧。大智若愚，这才是成功者的为人处世之道。太刚易折，必要时"糊涂"一点，是一种聪明的做人哲学。

1.大智若愚，糊涂人聪明一世 /153

2.糊涂处世，大事面前不糊涂 /156

3.糊涂是一种做人的智慧 /158

4.精明做人就要假糊涂真聪明 /161

5.该糊涂时不要聪明 /164

6.秘密不可声张 /167

7.小事糊涂，大事不能糊涂 /169

8.理解"糊涂"之真谛，赢得他人感激 /171

9.做人要善于糊涂，乐于糊涂 /174

10.留一半清醒，留一半醉 /177

目录 Contents

第八章
低调做人，赢得好人缘

我们生活在一个充满竞争的时代，出人头地是很多人的梦想，如果你锋芒太盛，就会引来他人的忌妒，成为众矢之的，这样你就不可能顺利实现自己的理想和抱负。因此，低调做人是有好处的，不要锋芒太露，懂得藏拙，才能为自己赢得好人缘。

1. 低调做人，隐忍处世 /181
2. 适时示弱，远离忌妒获人心 /184
3. 善于"低头"，善于"藏巧" /186
4. 收敛锋芒，韬光养晦 /189
5. 低调一点，修养自己，包容他人 /191
6. 审时度势，"意怠"生存 /193

做人赢在获得人心
zuo ren ying zai huo de ren xin

第九章
得道多助，失道寡助，诚信做人有信誉

仁义礼智信，是中国价值体系的核心因素。其中的"信"，我们就可以理解为诚信，诚信是做人的根本，也是一种无形的资本。人无信不立，讲诚信者，得人心；不讲诚信者，必失人心。诚信需要经营，需要精心地维护，一次失信，就会功亏一篑，可谓来难去易。你不相信别人，别人也不相信你，人与人之间的交流沟通失去了可以维系的基本纽带，可见诚信之重要。做人诚信才有信誉，做事才能成功。

1. 诚信是成功的第一步 /199
2. 诚信是立足之本 /202
3. 做人要言而有信 /205

4.讲信用，守诚信，能赢得好名声 /207

5.以诚服人，万事可成 /211

6.做人要讲诚信，待人要真诚 /214

7.守信的人最能吃得开 /216

第十章
以"情"动人，储存人情，赢得人心

人是感情动物，所以，有时候感情投资比金钱投资更有成效。在别人需要帮助的时候伸出你的援助之手，以"情"动人，多储蓄人情。其实，人情也就是人缘，好人缘的获得与给予帮助是分不开的，这样才能赢得更多的人心。

1.帮助他人就是储蓄人情 /223

2.该"出手"时就"出手" /226

3.送人情要懂艺术 /228

4.给人滴水之恩，会得涌泉相报 /230

5.做生意也要讲人情味 /232

6.情感管理，充分调动下属的智慧 /234

7.行动是感情的最好表达 /237

8.慷慨散财积蓄人情 /239

9.吃点小亏，赚取更多人情 /242

10.吃眼前亏，得大人情 /244

11.目光长远，放小人情当大赢家 /246

12.先储蓄人情，后得大实惠 /248

13.不忌小怨，换取人情 /250

目录

Contents

第一章
妙语生花，能言善辩打动人

　　为人处世，说话是第一要事。因为与他人交流沟通主要就是通过话语来表达我们的意思，喜怒哀乐的情绪都在我们的话语里得到传达。一句话可以得罪人，一句话也可以将人说服，所以，会做人就要会说话，通过说话来获得人心。

　　说话是如此容易，又是如此之难；每个人都会，但是想说好却不是人人都能做到。妙语生花，能言善辩是人们对会说话的人的评价。练就嘴上功夫，通透说话诀窍，就能做到既解决问题，又不得罪人，还能获得人心。

1. 分辨交谈对象，道出精辟之语

> 和聪明的人说话，须凭见闻广博；与见闻广博的人说话，须凭辨析能力；与地位高的人说话，态度要轩昂；与地位低的人说话，要谦逊有礼；与上司说话，用奇特之事打动他；与下属说话，用切身利益说服他……这些看上去很容易，实则是最难的说话境界。

说话不看对象，不仅达不到目的，往往还会伤害对方的面子。反之，了解了对方的情况，即使发表一些大胆的言论，也不会对对方造成伤害，反而会达到自己的目的。

（1）要根据对方的身份，确定说话的方式和内容

《世说新语》中有这么一则故事：有个叫许允的人在吏部做官，提拔了很多同乡人。魏明帝察觉之后，便派虎贲卫士去抓他。他的妻子忙出来告诫他说："明主可以理夺，难以情求。"让他向皇帝申明道理，而不要寄希望于哀告求饶。

于是，当魏明帝审讯许允的时候，许允直率地回答说："陛下规定的用人原则是'举尔所知'，我的同乡我最了解，请陛下考察他们是否合格，如果不称职，臣愿受罚。"

魏明帝派人考察许允提拔的同乡，他们倒都很称职，于是将许允释放了，还赏了一套新衣服。

许允提拔同乡，是根据封建王朝制定的个人荐举制的任官制度，不管此举妥不妥当，它都合乎皇帝认可的"理"。许允的妻子深知跟皇帝打交道，难以求情，却可以"理"相争，于是叮嘱许允以"举

尔所知"和用人称职之"理"，来抵消提拔同乡、结党营私之嫌。这可以说是善于根据说话对象的身份来选择说话的方式和内容的绝好例子。

（2）要注意观察对方的性格

一般说来，一个人的性格特点往往通过自身的言谈举止、表情等流露出来，如那些快言快语、举止简洁、眼神锐利、情绪易冲动的人，往往是性格急躁的人；那些直率热情、活泼好动、反应迅速、喜欢交往的人，往往是性格开朗的人；那些表情细腻、眼神稳定、说话慢条斯理、举止注意分寸的人，往往是性格稳重的人；那些安静、抑郁、不苟言笑、喜欢独处、不善交往的人，往往是性格孤僻的人；那些口出狂言、自吹自擂、好为人师的人，往往是骄傲自负的人；那些懂礼貌、讲信义、实事求是、心平气和、尊重别人的人，往往是谦虚谨慎的人。对于这些不同性格的谈话对象，一定要具体分析，区别对待。

在《三国演义》第六十五回中，马超率兵攻打南萌关的时候，诸葛亮对刘备说："只有张飞、赵云两位将军，方可对敌马超。"

刘备说："子龙领兵在外回不来，翼德现在这里，可以急速派遣他去迎战。"

诸葛亮说："主公先别说，让我来激激他。"

这时，张飞听说马超前来攻关，大叫着要求出战。诸葛亮佯装没听见，对刘备说："马超智勇双全，无人可敌，除非往荆州唤云长来，方能对敌。"

张飞说："军师为什么小瞧我！我曾单独抗拒曹操百万大军，难道还怕马超这个匹夫？"

诸葛亮说："你在当阳拒水断桥，是因为曹操不知道虚实，若知虚实，你怎能安然无事？马超英勇无比，天下的人都知道，他渭桥六战，把曹操杀得割须弃袍，差一点丧了命，绝非等闲之辈，就是云长来也未必能战胜他。"

张飞说："我今天就去，如战胜不了马超，甘当军令。"

诸葛亮看"激将法"起作用了，便顺水推舟说："既然你肯立军令状，便可以为先锋！"

结果，张飞与马超在南萌关下酣战了一昼夜，斗了二百二十多个回合，虽然未分胜负，却打掉了马超的锐气，后马超被诸葛亮施计说服而归顺刘备。

在《三国演义》中，诸葛亮针对张飞脾气暴躁的性格，常常采用"激将法"来说服他。每当遇到重要战事，先说他担当不了此任，或说怕他贪杯酒后误事，激他立下军令状，增强他的责任感和紧迫感，激发他的斗志和勇气，扫除轻敌思想。

对关羽，诸葛亮则采取"推崇法"，如马超归顺刘备之后，关羽提出要与马超比武。为了避免二虎相斗相伤，诸葛亮给关羽写了一封信：我听说关将军想与马超比武分高下。依我看来，马超虽然英勇过人，但只能与翼德并驱争先，怎么能与你"美髯公"相提并论呢？再说将军担当镇守荆州的重任，如果因你离开而造成损失，那么你的罪过有多大啊！

关羽看了信以后，笑着说："还是孔明知道我的心啊。"他将书信给宾客们传看，打消了比武的念头。

战国时期著名的纵横家鬼谷子曾经精辟地总结出与各种各样的人交谈的办法：和聪明的人说话，须凭见闻广博；与见闻广博的人说话，须凭辨析能力；与地位高的人说话，态度要轩昂；与地位低的人说话，要谦逊有礼；与勇敢的人说话，不能稍显怯懦；与愚笨的人说话，可以锋芒毕露；与上司说话，须用奇特的事打动他；与下属说话，须用切身利益说服他。

（3）一定要集中精力听对方的话

有些人在处世时，自己滔滔不绝地唠叨个没完，一遍遍地诉苦，没完没了地恭维对方，以为这样就能博取对方的好感，殊不知这样适得其反。因此，为人处世，要管住自己的嘴巴，竖起自己的耳朵。要想达到目的，首先要当个好听众。当你在认真地聆听别人讲话的时候，你的认真、你的全心全意、你的鼓励和赞美都会使对方感到你很尊重他，当然你也会得到善意的回报。

2. 说话"弯"着点，不要直来直去

> 聪明的人总是直话不直说，说话会拐点弯儿，委婉地表达自己的意思，使听者懂得话外之音。说话直来直去，一炮轰过去，未必会受欢迎！

从理论上讲，待人处世中应该做到坦诚，不说假话，直来直去。而且在现实中，人们口头上也一向把直来直去的性格，作为一种美德，倍加赞赏。如果你随便问一个朋友："你喜欢什么样性格的人？"他往往会回答："性格豪爽、直来直去。"人们在称颂某人时，也往往说："他性格爽直，说话从不拐弯抹角，直来直去。"

做老实人说老实话，应该是待人处世的一条准则，但直炮筒子未必受欢迎。有些人的行为模式很特殊，最明显的一点就是，表面上一套，实际上可能是"意在言外"。换句话说，就是嘴上说喜欢"直来直去"，内心深处却并不喜欢"直来直去"。

要想获得为人处世的成功，必须懂得察言观色，善加分辨。最好在说话时巧妙地拐个弯儿，千万不要"乱放炮"。因为每个人都需要自尊，需要面子。直来直去，实际上就是"不给面子"，使对方心中不快，以致造成双方关系破裂，甚至反目成仇。事后想想，仅仅因为区区小事，非原则性问题而失去上级的赏识，真是毫无意义，后悔晚矣！

朱元璋称帝后，要册封百官，可当他看完花名册时，心里又犯起了愁。因为功臣有数，但亲朋不少。封吧？无功受禄，群臣不服；不封？面子上过不去。军师刘伯温看出了朱元璋的难处，又不敢直谏，一来

做人赢在获得人心

zuo ren ying zai huo de ren xin

怕得罪皇亲国戚，惹来麻烦，二来又怕朱元璋受不了，落下罪名。但想到国家大事，不能视而不见，最后，他想出一个方法，画了一幅人头像，人头上长着束束乱发，每束发上都顶着一顶乌纱帽，献给了朱元璋。朱元璋接过画，细品其味，忽然哈哈大笑道："军师画中有话，乃苦口良药。真可谓人不可无师，无师则愚；国不可无贤，无贤则衰！"原来，刘伯温画的意思是，"官（冠）多法（发）乱！"刘伯温此举，不但未伤害到朱元璋的面子，不犯龙颜，还道出了谏言：官多法必乱，法乱国必倾，国倾君必亡。画中有话，柔中有刚，也算是待人处世高明的"说话会拐弯儿"，使听者懂得话外之音，达到预期的目的。

另外，说话会拐弯儿，还体现在巧妙劝说上司改正自己所作出的错误决定。

春秋时的晋国，自晋文公即位后，发奋图强，使得国家迅速兴盛起来，成为春秋时的一大强国，晋文公也成了一代霸主。可接下来，晋襄公、晋灵公却不思振作，只图享乐。晋国的霸主地位也不知不觉地被楚庄王代替。晋灵公即位不久，不思进取，大兴土木，修筑宫室楼台，以供自己和嫔妃们享乐游玩。有一年，他竟挖空心思，想要建造一个九层高的楼台。可以想见，在当时那种科学水平、建筑材料、建筑技术等条件下，如此宏大复杂的工程，要耗费多少人力、物力！无疑会给老百姓造成沉重的负担，使国力衰竭。因此，大臣和老百姓都反对建九层楼台。但是晋灵公固执己见，并且在朝堂之上严厉地对大臣说："敢有劝阻建楼台的，立即斩首！"气氛十分紧张。一些想保全身家性命的大臣，都吓得噤若寒蝉，谁愿意去送死呢？再没有人敢说反对的话！

一天，有个叫荀息的大夫求见。晋灵公以为他是来劝谏的，便命人拉开弓，搭上箭，只要荀息开口劝说，他就要射死荀息。谁知荀息进来后，像是没看见他这架势一样，非常轻松自然，笑嘻嘻地对晋灵公说："我今天特地来表演一套绝技给大王看，让大王开开眼界，散散心。大王您感兴趣吗？"晋灵公一听有玩的就来神儿了，忙问："什么绝技？别卖关子了，快表演给我看看。"荀息见晋灵公上钩了，便说："我可以把9个棋子一个个叠起来以后，再在上面放9个鸡蛋。"

晋灵公听到这事十分新鲜，不相信荀息会有这么高的技艺，但是又急于一饱眼福，便急急说道："我从未听过和见过这种事，今天就请你给我摆摆看！"荀息当然清楚，如果国君认为是欺骗了他，就会有杀头的危险。当晋灵公叫人拿来棋子和鸡蛋后，荀息便动手摆了起来。他先是小心翼翼地把9个棋子堆了起来，然后又慢慢地将鸡蛋放置在棋子上。只见他放上一个鸡蛋，又放第二个，第三个……战战兢兢，如履薄冰。

这时，屋子里的气氛十分紧张、沉寂，只能听见鸡蛋碰到棋子的声音，围观的大臣们全都屏住呼吸，生怕鸡蛋落下来。荀息也紧张得额头冒汗。晋灵公看到这情景，禁不住大声说："这太危险了！这太危险了！"晋灵公刚说完"危险"，荀息就从容不迫地说："我倒感觉这算不了什么危险，还有比这更危险的呢！"晋灵公觉得奇怪，因为对他来说，这样子已经是够刺激、够危险的了，还会有什么更惊险的绝招呢？便迫不及待地说："是吗？快让我看看！"这时，只听见荀息一字一句、非常沉痛地说："九层之台，造了三年，还没有完工。三年来，男人不能在田里耕种，女人不能在家里纺织，都在这里搬木头、运石块。国库的金子也快花完了。兵士得不到给养，武器没有金属铸造。邻国正在计划乘机侵略我们。这样下去，国家很快就会灭亡。到那时，大王您将怎么办呢？这难道不比垒鸡蛋更危险吗？"晋灵公听到这种十分合理又十分可怕的警告，不由得吓出一身冷汗，意识到自己干了一件多么荒唐的事，犯了多么严重的错误，便对荀息说："搞九层之台，是我的过错。"立即下令停止筑台。

《晏子春秋》中也记载了这样一则故事：齐景公在位期间，特别喜欢修建亭台楼阁，以游玩观赏；喜欢穿戴华贵奇异的服饰，以图新奇和开心；喜欢通宵达旦地饮酒作乐，过着奢侈豪华的生活。晏婴做景公的相国时，则用俭朴简约的生活约束自己，以劝谏景公。景公多次给他封赏，都被他拒绝了。景公很尊重晏子，不忍心他过平民一样艰苦清贫的生活。有一回，景公趁晏子出使晋国不在家的机会，给他建了所新房子，谁知晏子一回来，就把新房子拆了，给邻居们建房，把因给他建房而迁走了的邻居们请回来。景公知道了，很生气，说："你

不愿打扰百姓、邻居，那么替你在宫内建一所住房行吗？我想和你朝夕相处。"晏子一听急了，对景公说："古人说，受宠信要能知道自我收敛。您这样做虽然是想亲近我，但我却会整天诚惶诚恐。我一个臣子怎么能这样做呢？那只会使我与您疏远开来。"景公无法强求，只好退一步说："你的房子靠近闹市，低湿狭窄，整天吵吵闹闹，尘土飞扬，不能居住。给你换一个干燥高爽、安静一点的地方总可以吧？"晏子也不接受，他连忙辞谢，说："我的祖先就是世世代代住在这里的，我能继承这份遗产，就已经很满足了，而且这地方靠近街市，早晚出去都能买到我所要的东西，倒也方便，实在不敢再烦扰乡邻而另外再建房子。"景公听了，笑着问："靠近街市，那你一定知道东西的贵贱，生意的行情！""当然知道。百姓的喜怒哀怨，街市货物的走俏滞销，我都很熟悉。"景公觉得有趣，随口问道："你知道现在市场上什么东西贵？什么东西贱？"那时，景公喜怒无常，滥施刑罚，常常把犯人的脚砍下来，因而市场上有专门卖假脚的。晏子便想趁机劝谏景公说："据我所知，目前市场上价格最贵的是假脚，价格最贱的是鞋子！"

"真有意思，这是为什么呢？"齐景公对晏子的回答感到意外，便不解地问道。

"嗨——"晏子长吁了一口气，凄楚地说："只因为现在刑罚太重，被砍去脚的人太多了，所以鞋子没人买，假脚却不够卖！"

"噢——"齐景公半天说不出话来，脸上露出哀怜的神色，自言自语地说："我太残忍了，我对老百姓太狠心了。"于是，第二天就向全国发出了减轻刑罚的命令。

另外还有一次，齐景公让养马人给他养一匹他最喜爱的马，不料这匹马突然死了，景公大怒，让人拿刀把养马人肢解掉。这时，晏子正好在景公面前，见左右拿刀进来，便阻止了他们，问景公道："尧、舜肢解人体，从身上哪一部分入手呢？"一听这话，景公明白了晏子的意思，尧和舜都是古代明主，他们从来不用酷刑。便下令不肢解，而是把养马人交给狱官处理。晏子又说道："他还不知道自己的罪过，就要死了，请让我数数他的罪状。好让他明白犯了什么罪，然后再交给狱官。"景公说："可以。"于是，晏子就数落养马人说："你知

道你有三大罪状，应判死刑。君王让你养马，你却把马养死，这是死罪之一；你把君王最爱的马养死，这是死罪之二；你让君王为一匹马的缘故而杀人，百姓知道了肯定会怨恨国君残暴，诸侯们听到这样重马轻人，肯定会轻视我们的国家，甚至加兵于我们。你让君王的马死掉，使百姓积下怨恨，让我国的国势被邻国削弱，这是死罪之三。你有这三条应判死罪的原因，就把你交给狱官吧。"景公听了晏子的这些话，猛然醒悟，赶紧说："放了他吧，不要为此而坏了我仁义的名声。"

因此，聪明的人总是直话不直说，说话会拐点弯儿，委婉地表达自己的意思。晏子如果直接向齐景公建议减轻刑罚，不但达不到目的，而且很可能会引起齐景公的不悦，到头来事与愿违，后果也很难设想。

做人赢在获得人心

zuo ren ying zai huo de ren xin

3. 拐弯抹角说话，展现真实意图

> 拐弯抹角的语言魅力在于将一些难以言传的情形，巧妙地采用一些与主题毫不相关的话语，最后突然拐一个急弯，与主题发生联系以实现说话者的真实意图和目的。这种拐弯抹角的说话方式常常让听者在明白说话者的意图后哑然失笑。

拐弯抹角要取得语言的魅力，在很大程度上取决于所拐的弯与所抹的角和实际情形之间的反差。在这里含有设置悬念的味道，一开始你的话离你所想表达的意思相距十万八千里，让对方摸不着头脑，强烈地想知道下文，然后你才拐弯抹角地把话题拉近，最后将自己的意思完全表达出来，却往往与对方所期望的情形有非常大的出入，期望与现实产生冲突，语言的魅力就这样产生了。

希尔先生喜欢吃鱼，而且特别喜欢吃鲜鱼。一天中午，他沿着湖边散步，他想这里一定有好鱼。果然，他看到附近一家餐馆的黑板上写着"供应鲜鱼"。他立刻走进餐厅就座。一会儿，女招待端上一盘鱼，却是一条煎鱼。

希尔先生仔细观察着盘中的鱼，喃喃自语，却不动手，女招待见了觉得很奇怪，她问道："先生，还缺什么？要不要盐？"

"谢谢，不用了。"希尔先生说完，又喃喃自语。

"那您为什么不吃呢？"

"你瞧，我现在正处于悲哀之中，"希尔先生说，"我叔父8天前在这儿淹死了，我正在问它是否知道此事。"

"多有趣！"女招待挖苦道，心想这人一定是疯子，因为最近这里根本没淹死人。

"鱼怎么说呢？"她笑着问。

"噢，它告诉我说，8天前我叔父淹死的时候，它不在水里，因为它在厨房已经10天了。"

直到此时，那位如在云里雾里的女招待总算明白了希尔先生的真实意图，不禁为之哑然失笑。

希尔先生对鱼的新鲜程度有了怀疑，但他并不是直接向女招待说出，因为那样的话可能会招致女招待的否认和回击，根本起不了任何作用。于是，他妙用拐弯抹角术，把话题扯远，再一步步回到正题上，以问鱼这样一个荒诞的情景，编造一个其叔父淹死的故事，含蓄委婉，拐弯抹角地表达出了"鱼根本不新鲜"这样一个意思，不仅使人哈哈大笑，也让女招待无法回击。

希尔先生以幽默当武器，含蓄地指出了餐馆存在的问题，真是让人忍俊不禁，学会了这种说话方式不但能帮助你获得他人的好感，不致说话太直得罪别人，有时会更有益于一些问题的解决。

做人赢在获得人心

zuo ren ying zai huo de ren xin

4.妙笔能生花，巧嘴可出彩

> 妙笔生花，是说文章写得出彩，而巧嘴就是说人会说话。

曲解一句话的意思能让彼此心领神会，付之一笑。这种找台阶下并且自圆其说的说话方式不但是一种智慧的体现，运用得好时能让对方倾倒和赞叹，在尴尬和危急的时刻你不妨一试。

遇事沉着冷静，能够随机应变，这需要高超的智慧和极佳的口才，有时来点曲解歪解效果便会更佳。大家都知道"事实胜于雄辩"，但在某些时刻，"曲解却更胜于雄辩"。清代的一代才子纪晓岚，便利用了其高超的口才技巧，为我们留下了一段经典的"歪理正说"的故事。

清代大才子纪晓岚才华横溢，深得乾隆皇帝的喜爱。他不但才思敏捷，而且经常有令人赞叹的急智口才表演，在"危急"时刻经常能化险为夷。

有一次，乾隆皇帝带着几个随从突然来到军机处。此时的纪晓岚正光着膀子和军机处的几个办事人员闲聊。其他人老远就看见皇上来了，连忙起身迎上前去接驾。纪晓岚是高度近视，刚开始没看见走在最后面的乾隆，等他明白怎么回事的时候，乾隆就快到了。纪晓岚心中暗想：如果就这样光着膀子接驾，岂不是冒犯龙颜？干脆一不做，二不休，纪晓岚趁着别人不注意时钻到桌子底下躲了起来。

这一切，早被乾隆皇帝看了个真真切切，他心中一阵好笑，有心想"整整"纪晓岚。

乾隆在椅子上坐定，示意其他人都不许出声，很长时间过去了，

第一章 妙语生花，能言善辩打动人

纪晓岚在桌子底下再也待不住了，此时正好是大热天，加上厚厚的桌布，把他给热得大汗淋漓。纪晓岚心中纳闷：怎么进来之后就没动静了？这么长时间了，也该走了吧！想到这里纪晓岚压低了嗓门，喊道：

"喂，老头子走了吗？"

满屋子的人都听到了，大家忍不住都想乐，一听纪晓岚喊"老头子"，心想这下可有好戏看了。

乾隆也听得真真切切，板起脸，厉声喝道：

"纪晓岚，你出来吧。"

纪晓岚一听是乾隆的声音，心想：完了，完了，这回可真完了，只好无可奈何地从桌子底下钻出来见驾。

乾隆一看纪晓岚光着膀子，满身大汗，惊慌失措的样子，心里一阵好笑：纪晓岚人称大清第一才子，居然这般模样。乾隆故意装作生气的样子，大声喝道：

"大胆的纪晓岚，你不见驾也就罢了，居然还敢说朕是'老头子'，你什么意思？今天你要讲不出个道理，朕要了你的脑袋！"

到了这种境地，纪晓岚反倒镇静了许多，一边擦汗，一边苦思对策。忽然他灵机一动，有了主意，不紧不慢地说道：

"万岁爷请息怒，刚才臣称您为'老头子'，只是出于对您老人家的尊敬，别无他意。"乾隆一听更来气了："尊敬？好，你给朕说说怎么个尊敬法。"

"先说这'老'字，天下臣民每天皆呼皇上万岁，万岁，万万岁，您说这万岁、万万岁算不算'老'啊？"

乾隆没作声，只是点点头。

"再说这'头'字，如今皇上便是我大清国的主事之人，是天下万民之首，'首'者，'头'也。故此称您为'头'。"

乾隆边听边眯着眼睛笑，很是满意。

"至于这'子'嘛，意义更为明显。皇上您贵为天子，乃紫微星下凡。紫微星，天之子也，因此称您为'子'。这便是我称您老人家为'老头子'的原因了。"

乾隆听完抚掌大笑："好一个'老头子'，纪晓岚你果然是个

才子。"

　　在封建王朝至高无上的皇权面前，不接驾是极大的失"礼"行为，而"老头子"一词明显带有"不敬"之意。好在纪晓岚才思敏捷，运用曲解的办法巧妙应对，最终让乾隆龙颜大悦，逢凶化吉，一番巧妙曲解把纪晓岚的急智口才表现得淋漓尽致。

第一章　妙语生花，能言善辩打动人

5. 批评的话说进人心里才是高水平

良药苦口利于病，忠言逆耳利于行。可是到了现实生活中却不完全是那么回事了，几乎人人都爱听赞美之词，不愿意听批评之语，究其原因，主要是因为人们大多不懂批评的艺术，在批评别人时容易伤及别人的自尊心，因而批评的效果就大打折扣了。做人的高境界是能做到批评的话说进人的心里去，让人如沐春风。

一般来说，不到万不得已的时候，谁都不愿轻易批评别人。因为这往往是个吃力不讨好的差事，虽然你满腔真诚，苦口婆心，换来的结果往往并非如你所愿。其原因有很多，其中最重要的一条便是批评不讲艺术，只图一时口舌之快，到头来别人非但不领你的情，反而会对你产生厌恶和反感。做人获得人心的方法之一便是批评别人时让人欣然接受，要想做到这点，就得讲究批评的艺术，以下几点基本原则，是批评艺术的集中体现。

(1) 批评要态度鲜明，忌含糊

在决定批评内容前，先要知道自己的批评是针对哪一种行为表现的。确定了这一点，才不至于把话说得含含糊糊，也会使对方觉得你是在负责任地批评他。

批评切忌表达含糊不清。有的人因担心被人视为刻薄尖酸，用一些很委婉的语言来表达批评，如将"喜欢斗殴"说成"为赢得论点及吸引注意面诉诸体力手段"；将"说谎"说成"难以区分幻想与实际"；将"作弊"说成"有待进一步学习公平竞争的规则"。这样说，虽让人听得不那么刺耳，但失去了批评的语气，显得像是在调侃。

(2) 换种批评方式，效果可能会更好

不直接批评对方，而用打比方、举例子的方法提醒对方，促使对方解除疑虑或恐惧，提高认识改正缺点。

有时，无声的行为更甚于有声的批评。例如有一个大老板开办了许多大商店，他每天都要到商店去看看。一天，他发现一个顾客在柜台前等着买东西，谁都没注意到他，售货员站在柜台的另一边正在聊天。这时，这个大老板没说一句话，迅速站到柜台后面，给顾客拿了要买的东西。他的这种行动便是对售货员的无声批评。

(3) 批评的重点不在错误

一般的批评，只是把重点放在对方的"错误"上，却并不指明对方应如何去纠正，因此收不到积极的效果。积极的批评，应在批评时，提出建设性意见，以利对方改正。被批评者也会更加认识到你批评得很有道理，从而使对方心悦诚服。

(4) 设身处地地替对方想一想

设身处地有两种方法：一种是让被批评者站在批评者的角度，让他想一想："如果你是我，你想想，我出了这样的错，你批评不批评？"让他换个位置来认识自己的过错。二是让批评者站在被批评者的角度，假如我是他，我对自己的过失是否已经有了很深刻的认识，甚至会主动检讨而不希望被人严厉呵斥？

双方均为对方设身处地地想一想，在作出批评与接受批评方面就容易协调起来了，批评者也就能视对方过错认识程度的深浅而把握批评程度的分寸。

(5) 批评要注意场合

某些批评本来是公正合理的，在某些情况下可能效果不错。但如果选的时间、地点不对，效果却截然相反。如果某人常常在同事面前被老板批评，他一定会感到羞辱窘迫，甚至是不满、愤怒。事后他最先想到的是同事们会有什么看法和想法，而不会注意到老板批评的内容。这样，不但批评没有效果，反而会让他产生其他想法。所以，如果你希望自己的批评取得更大的效果，就应该注意说话的时间、地点，

该一对一批评的就不能有第三者在场。当着不相干的第三者或众人之面直接批评某人，不仅使被批评者沮丧或气恼，还可能会使在场的每个人都感到尴尬，担心"下次会不会轮到我"，从而与你在心理上产生疏远感，等于是批评一个，得罪一群人。

(6) 批评口气要尽量委婉

被质问会给人产生一种不信任感，会把对方逼到敌对、自卫的死角。

被训斥会让人觉得低人一等；被藐视，感觉人格上受到污辱，会使对方感到很压抑、反感。

而口气温和、委婉，会使对方心理上产生内疚感，从而愉快地接受批评。批评时，态度要诚恳，语气要温和。得体的语调、表情或其他肢体语言，可以避免彼此意见沟通时的敌意。

以上几种批评的方法若运用得合理恰当，能给批评方和被批评方都带来相对平和的心态和较好的结果，反之，不但会伤了和气，还有可能造成不必要的误解和分歧。批评的目的是为了问题的解决，因而批评方式的采用是为了批评目的而服务的。只有批评方式恰当而合理，真正做到了"良药不苦口"，别人才会欣然接受，你也会更得人心。

做人赢在获得人心

zuo ren ying zai huo de ren xin

6. 说话找准切入点很重要

> 人们都对自己感兴趣的事能如数家珍，在初次交谈中你如果能找准别人的爱好点，从别人感兴趣的话题入手，那么交谈的双方会谈得非常尽兴，这对于初次交谈的人来说是不无裨益的。

从美国总统罗斯福的传记中我们可以知道，每一个拜访过罗斯福的人都会惊讶他何以全知全能。无论是牧童、农民、劳工，还是政治人物、商业巨子，都能和罗斯福谈得很投机，这中间到底有什么秘诀呢？

其实说来也很简单，罗斯福是个历史上相当成功的政治人物，他深知获得人心的捷径，就是谈论对方以为最值得谈的事。罗斯福无论接见谁，不管那个人地位高低，在前一晚肯定要预先阅读对方有兴趣的谈话资料。所以，所有见过他的人，无一不对罗斯福有好评。

当然，不单是政治人物，就算是个推销员，也该知道怎样在初次交谈中谈论对方认为值得的事。例如，有位汽车推销员，为了手上的进口高级车，专程拜访一位企业家。可是，一见面他并不谈买车的事，反而先拿出儿子的集邮册，原来他儿子与企业家的儿子是同班同学，他知道企业家为了替儿子搜集邮票，总是不辞辛劳，乐此不疲。他用这件事当话题，两人很快就有了共同语言，并且谈得很投机，最后在快要告辞时稍微提一下车子的事，就顺利地卖出去了车。

有一位大学刚毕业的法律系学生，因为律师考试未能通过，只好在一家法律事务所当职员。按公司规定，试用期间每一个人在一个月

内都要拉到一家新客户。可是，他刚离开学校不久，又没有任何的背景，每次去拜访一些陌生的新客户，不是吃了闭门羹，就是要他回去等消息。

眼看一个月的期限就快到了，他已经是心灰意冷，打算另谋出路。没想到这个时候奇迹出现了，他不但开发出一个新客户，而且还借着这个客户的引见，一连吸收了十几家新客户。他不但没有被炒鱿鱼，反而晋升成正式职员，薪水也连跳了好几级，成了该事务所的"超级营业员"。

这个新人到底是凭着什么本领，找到他生命中的"贵人"的呢？以下内容是他的自述：

"当天，我愁眉不展地踏入那家公司，到了门口的时候，我想到以前几次的闭门羹，就更加踌躇不安。忽然我看了公关主任桌上的名片，我想到我有办法了。"

"原来这位主任的名字蛮奇怪的，竟然叫做'万俟明'，而我恰好又很喜欢看传统小说，以前在看《说岳传》时，书中有个坏人的名字就叫'万俟卨'，这个人与岳飞同朝为官，但因为岳飞见他时不以礼相待，两人因此不和。后来他便迎合奸相秦桧在朝中一再攻击岳飞。在绍兴十一年时，将岳飞父子下狱治死。如果有在朝为官者替岳飞申冤，也都被弹劾，可以说是个大大的奸臣。"

"我看《说岳传》时年纪还小，一看到'万俟卨'3个字，就不知道怎么读，所以我特地查了字典，才知道这3个字的读音。也正是因为这样，我才知道'万俟'这两个字的正确读音（万俟作为姓应读作 mò qí）。"

"当时我一眼看见这人的名片上写着'万俟明'，我就礼貌地向前称呼他：'万俟先生，我是 ×× 法律事务所的职员，今天特别地来拜访您。"

"你想不到我这句话他有什么反应，我才说完这句话，对方就吃惊地站起来，嘴里结巴着说：

'你……你……你怎么认识我的姓，一般人第一次都会念错，大部分人都叫我万先生，害得我总是解释一次又一次，烦死了。'"

"我听了以后感觉这次拜访似乎会有个好的开始，于是我接着说：

　　'这个姓是复姓，而且又很少见，想必有来源的吧！'"

　　"对方听到这里，更是显得神采飞扬，高兴地说道：

　　'这个姓可是有来由的，它原是古代鲜卑族的部落名称，后来变成姓氏的拓跋氏，就是由万俟演变而来的。'"

　　"我看到对方越来越高兴，于是接口问道：

　　'那您就是帝王之后，系出名门了！'"

　　"那位万俟明先生听了后更加高兴地说下去：

　　'岂止是这样，这个姓氏一千多年来也出了不少名人，例如，宋代有个词学名家叫万俟咏，自号词隐，精通音律，是掌管音律的大晟府中之制撰官，另外写了一本书叫《大声集》。后人都尊称他万俟雅言。'"

　　"用这个少见的姓氏做话题，我和那位公关主任聊了起来，尽管我并未说明来意，更没谈什么细节，但光凭这次愉快的交谈，就让我开发出一家财团做客户。而这家财团旗下所有的关系企业，全都与事务所签下了合约，聘我们做法律顾问，为我们事务所增加了前所未有的业绩。"

　　这位幸运的小伙子仅凭一次偶然的机会就让自己获得了巨大的成功，其关键之处还在于他巧妙地找到了一个让对方为之惊讶的话题，这种惊讶的结果使彼此双方在一个愉快的氛围里交谈，从而使对方接受了自己的最后的真实意图。

　　可见说话找对切入点很重要，它是我们赢得对方信任和好感的第一步。

第二章
面子该放下时就放下，真实更易赢得
人心

有些人的面子观念历来深厚。面子不可不要，但也不能太过于爱面子，它会禁锢住你的头脑和手脚，适当的时候放下面子，能让你更得人心。

1. 放下面子成人之美

人世间复杂，有很多人为名声而活，就是那种"死要面子活受罪"的人；有很多人为利而活，就是那种"为了金钱不要命"的人。除此之外，人世间还有第三种人，就是名利双得的人，他们能在关键时刻处理好名与利的关系，达到名利双收，这种人才是真正聪明睿智而又成功的人。

古人云："鱼与熊掌不可兼得。"一个人想要好处占尽，到头来可能一样都捞不到，只有那种懂得把名声让给别人，自己占尽"便宜"的人才是真正高明的人。

美国钢铁大王卡内基年幼时，父母从英国来到美国定居，由于家境贫寒，没有读书学习的机会，13岁就当学徒了。

卡内基10岁时，无意中得到一只母兔子。不久，母兔子生下一窝小兔。由于家境贫寒，卡内基买不起饲料喂养这窝小兔子。于是，他想了一个办法：他请邻居小朋友来参观他的兔子，小朋友们一下子喜欢上了这些可爱的小东西。于是，卡内基宣布，只要他们肯拿饲料来喂养小兔子，他将用小朋友的名字为这些小兔子命名。小朋友出于对小动物的喜爱，都愿意提供饲料，使这窝兔子成长得很好。这件事给了卡内基一个有益的启示：人们对自己的名字非常注意和爱护。

卡内基长大成人后，通过自身努力，由小职员干起，步步发展，成为一家钢铁公司的老板。有一次他为了竞标太平洋铁路公司的卧车合约，与竞争对手布尔门铁路公司铆上了劲。双方为了得标，不断削价火拼，已到了无利可图的地步。

有一天，卡内基到太平洋铁路公司商谈投标的事，在纽约一家旅馆门口遇上布尔门先生，"仇人"相见，按一般情况，应该"分外眼红"，但卡内基却主动上前向布尔门打招呼，并说："我们两家公司这样做，不是在互挖墙脚吗？"

接着，卡内基向布尔门说，恶性竞争对谁都没好处，并提出彼此冰释前嫌，携手合作的建议。布尔门见卡内基一番诚意，觉得有道理，但他却不同意与卡内基合作。

卡内基反复询问布尔门不肯合作的原因，布尔门沉默了半天，说："如果我们合作的话，新公司的名称叫什么？"

卡内基一下明白了布尔门的意图。他想起自己少年时养兔子的事：谦让一点可以把一窝兔子养大。于是，卡内基果断地回答："当然用'布尔门卧车公司'啦！"卡内基的回答使布尔门有点不敢相信，卡内基又重复一遍，布尔门这才确信无疑。这样，两人很快就达成了合作协议，取得了太平洋铁路的卧车合约，布尔门和卡内基在这笔业务中都大赚了一笔。

历史常常开这样的玩笑，淡泊名利的人出了名。现在全世界都知道，"钢铁大王"卡内基，但又有几个人知道布尔门呢？

还有一次，卡内基在宾夕法尼亚州匹兹堡盖起一家钢铁厂，是专门生产铁轨的。当时，美国宾夕法尼亚铁路公司是铁轨的大买主，该公司的董事长名叫汤姆生。卡内基为了稳住这个大买主，同样采取"成人之名法"，把这家新盖的钢铁厂取名为"汤姆生钢铁厂"。果然，这位董事长非常高兴，卡内基也顺利地取得了他稳定、持续的大订单，他的事业从此发展起来了，并最终成为赫赫有名的"钢铁大王"。

人是一种好名的动物，因为名声是一个人的无形资产，能通过各种方式转化为有形的利益，最直接的利益是能带来金钱。例如，大牌名星拍一个几分钟的广告片，就能得到数百万的广告费；名气还能带来跟金钱同样重要的东西，如尊重、发展机会等。

暂时放下自己的面子，满足别人一点点虚荣，一个小小的变动便能为自己带来莫大的好处，请记住，鱼和熊掌是不能兼得的，暂时舍弃一样，日后一定都能补回来。这便是"钢铁大王"成功的秘诀所在。

做人赢在获得人心

zuo ren ying zai huo de ren xin

2.谦虚真诚，换得他人帮助

> 一个好汉三个帮，一个篱笆三个桩。成功的事业离不开他人的帮助，而要想获得他人的扶助，就要做到谦虚真诚。

我们生活中有许许多多的人不但爱面子，还特别喜欢摆架子，认为自己居高位就得比别人高出一筹，其实这是一种妄自尊大的行为，要知道民间亦有藏龙卧虎，身怀绝技之人，说不定哪一天便会一飞冲天。如果你想得到这些"异士"的鼎力相助，就一定不要太爱面子，放下架子去感化他们，刘备尚且"三顾茅庐"而请出诸葛亮，更何况我们一般人呢？

刘备"三顾茅庐"的故事早已被人所熟知，他请出诸葛亮后才得以建立蜀汉政权而三分天下。其实，国外也有渴求贤才、礼贤下士的"三顾"版，那便是世界轮胎帝国的缔造者——普利斯通公司总裁普利斯通先生。

普利斯通初到橡胶城亚克朗来打天下时，由于没有自己的核心技术效益并不佳。一天，他工作太累，破例进酒吧喝酒。店堂里传来阵阵哄笑——一个脸上抹着灰，把裤子当围巾披在肩上的青年，正东倒西歪地走着，滑稽不堪。没走多远，被一把椅子腿绊倒，众人的笑声更高了。

"唉，天天如此，一个标准的酒鬼！"有人说，"搞发明真是害死人啊！"

普利斯通心中一亮，刚想离开，又停了下来，"他是发明家吗？

发明了什么东西？"

"不太清楚，好像是有关橡胶轮胎方面的。"

"他叫什么名字？"

"洛特纳。不过没有人叫他这个名字，大家都叫他醉罗汉。"

普利斯通匆匆走出酒吧，已不见那青年的踪影，懊丧不已。他打听到洛特纳的地址，第二天一早就找上门去。那是一家规模很大的橡胶厂，洛特纳正在搬运材料。

"你是洛特纳先生吗？我今天特地来拜访你。"普利斯通笑着说。

"我不认识你。"洛特纳冷冰冰地说，露出警觉的目光。

洛特纳的态度虽然傲慢，但却似乎有一种神奇的力量在吸引着普利斯通。普利斯通决定一定要和他谈谈，但洛特纳却掉头就走了。

普利斯通却不甘心，决定在厂门口一直等下去。从上午10点等到12点，出来吃午饭的工人又回厂了，却没有洛特纳的身影。他不敢离开，生怕错失了洛特纳。到下午5点，几乎所有的工人都下班走了，还是没有见到他。普利斯通又饿又累，坐在路边的水泥座上。他横下一条心，洛特纳早晚总是要下班的，不见到洛特纳，他就不走了。

直到6点多，洛特纳才从厂门口匆匆走出，望眼欲穿的普利斯通又惊又喜，一下站起来，顿感两眼发黑，几乎摔倒，洛特纳一下扶住了他。

"你不舒服吗，普利斯通先生？"洛特纳口气亲切多了。

"你让我等得好苦！"

"我知道。"洛特纳低垂下头，"我已经出来三次了，每次看见你等在外面，我又回去了——开始是不愿见你，到了下午，觉得难为情不好意思见你……"

普利斯通不需要他的解释，他的诚意终于感动了对方。两人到酒店共饮畅谈，越谈越投机。

"你发明的究竟是什么东西？"

"是能使胶胎与汽车钢圈密切接合的装置，使轮胎不易脱落。"洛特纳非常失望地说道，"我费尽心血研究出的东西，没有人要也就算了，最不能忍受的是别人拿它来取笑我，以为我是骗子，到处骗钱。"

普利斯通和洛特纳相见恨晚,互相将对方引为知己。洛特纳有感于知遇之恩,下决心帮助普利斯通打天下。普利斯通的资本和洛特纳的新技术一结合,就立即产生了巨大的效益。他们制成了一种不易脱落而且储气量大的轮胎。

他向正在制造大众汽车的福特去兜售:"福特先生,听说您在制造新汽车,我给您带来了一种新轮胎。"

"你知道,我这种新车的特点是价格便宜。"福特笑着说,"可能用不起你的好轮胎。"

普利斯通展开了他的推销技巧:"我敢保证,它一定适合您的新车。这种新产品,别人见都没有见过。"

喜好新奇的福特立刻动心了,试验的结果使他十分满意,只是嫌价格贵了一些。

普利斯通娓娓道来,让人说不出不买的话来。装上新轮胎的福特车起飞之日,也正是普利斯通的橡胶公司腾飞之时。

此后的几十年间,普利斯通公司逐渐成为世界汽车轮胎业的霸主,这一成绩的取得与普利斯通先生放下架子、礼贤下士的精神是分不开的。人的面子的确很重要,但如果与前途和事业相比,那便只能居其次了,普利斯通的成功,便印证了这一点。

3. 懂得忍让，放下面子化解争端

中国民间有副对联："大肚能容世间难容之事，笑口常笑天下可笑之人。"笑佛弥勒佛是中国民间宽容、忍耐精神的象征，是一位天生的乐天派。做人如若能达到弥勒佛的境界，便能真正放下自己的"面子"，做到超然物外了。

每个人来到世上后，都会遇到许多不顺心、不如意的事，甚至还会碰到被冤枉、被欺负的事，在此关头，是忍还是怒，可能在这短暂的时间内就能决定你的祸福。有许多人，为了一些小利益而争执或是一些涉及尊严和面子的事而发生口角之争，互不相让，以至大吵大闹。由此可见，忍字是多么的重要。古人云"忍一时风平浪静，退一步海阔天空"。

适当地忍让不但能化解灾祸，消除争端，甚至有时还会带来许多意想不到的结局。

据说清代中期，有个"六尺巷"的故事。当朝宰相张英与一位姓叶的侍郎都是安徽桐城人。两家毗邻而居，都要起房造屋，因地皮发生了争执。张老夫人便修书一封，让张英出面干预。宰相到底见识不凡，看罢来信，写上一首打油诗劝导老夫人："千里家书只为墙，再让三尺又何妨？万里长城今犹在，不见当年秦始皇。"张母见书明理，马上将墙主动退后三尺；叶家见此，深感惭愧，也把墙让后三尺。因此，张叶两家的院墙之间，形成了六尺宽的巷子，成了有名的"六尺巷"。

一场本来可能导致两家大动干戈的纷争，被张英的宽宏大量所化解，最后两家化干戈为玉帛，握手言和，是一种再好不过的结局了。

做人赢在获得人心

zuo ren ying zai huo de ren xin

其实，人与人之间的忍让是一种美德。朋友的误解，亲人的错怪，流言制造的是非，讹传导致的轻信……此时恼怒不会春风化雨，生气无助雾散云消，只有一时的忍让才能帮助你恢复应有的形象，得到公允的评价和赞美。

但忍让并不是懦弱可欺，正相反，它更需具备自信和坚韧的品格。"忍"字，至少有两层意思：其一是坚韧和顽强。晋朝朱伺在《晋书·朱伺传》中说："两敌相对，惟当忍之；彼不能忍，我能忍，是以胜耳。"这里的忍，正是顽强的精神体现。其二是抑制。南宋爱国诗人陆游，胸怀"上马击狂胡，下马草军书"的报国壮志，也曾写下过"忍字常须作座铭"。这种忍耐，不也正凝聚着他们顽强、坚忍的宝贵品格吗？岂能说他们是懦弱可欺呢？

歌德有一天到公园散步，对面走来了一位曾经对他作品提出过尖锐批评的批评家，他站在歌德面前大声嚷道："我从来不给傻子让路！"歌德回答道："而我正好相反！"边说，边满面笑容地让在一旁。歌德的幽默消除了自己的恼和怒，避免了一场无谓的争吵。从某种意义上讲，既为自己摆脱了尴尬难堪的局面，顺势下台，又显示出了自己的心胸和气量。

适时的忍让，恰当的"丢面子"不但无损你的利益和名誉，有时还会让别人对你刮目相看，从心底里对你产生尊重之情，这是两全其美的事情。

4. 要懂得将鲜花献给对手

成功对于很多人而言不稀罕，但在获得荣誉时，能收敛起胜利的喜悦，用平和的心善待对手，将鲜花献给对手，这不仅是一种做人的气度，也是一种文明典雅的风度。

在我们的生活中，谁都希望自己在别人面前有尊严，受重视。因此，我们在与人交往时，在乎自己面子的同时，也别忘了给别人留些面子，这是一个心理上的细节，也是很多容易被忽视的心理细节。

很多人可以吃闷亏，也可以吃明亏，但就是不能吃"没有面子"的亏。如果你不顾别人的面子，总有一天会吃苦头。因此，多看别人的优点，多赞美别人并不是坏事，既保住了别人的面子，别人也会如法炮制，给你面子，彼此心照不宣，尽兴而散。

即使是自己的对手，在对方失败时，也不要表现出咄咄逼人的气势，用自己的成功往人家的伤口上撒盐。因为既已成功，你就是胜利者，无须再用言语来讥讽对方，失败者在遭受失败后虽然处于劣势，但往往还保留着强大的自尊心。如果你不给对方面子，不仅显得你没有风度，而且还很容易激怒对方，让你觉得索然无趣。在自己胜利时，给对手一个台阶，荣誉自己拿到了手，但把面子留给对方，这是君子的风范，也是心理战上的胜利。

每个人都有自己的面子观念，这关系到一个人的尊严和地位。但面对失败者或是弱势群体，我们却很少想到这一点。源于自己的优越，我们常常无情地剥掉了别人的面子，伤害了别人的自尊心，抹杀了别人的感情，却又自以为是。扪心自问，这种心理是多么浅薄，心胸是

多么狭窄！其实，处于失败者位置的人，自尊心往往比胜利者脆弱得多。所以，你只有用对战策略，才能获得"双丰收"。

自尊心受到毁伤的程度是不同的，当一个人遭受失败时，他的自尊心已经受到了部分的伤害，但它是局部的，他还能感觉到自己受了伤害。如果你再给他以打击，那你就连他最后剩下的一点面子也给剥夺了，他必然会记住伤害他的人，对之产生反感、厌憎乃至仇恨，这时，他很可能成为伴随你一生的敌人和心病。

所以，当别人发生不幸，当你的对手输在你手上时，要表现出一种谅解、一种包容的心态。这样，你的对手不仅不会妒忌你的成功，还会觉得与你成为对手是件幸事，这样双方都能获得平衡。

英格丽·褒曼在获得了两届奥斯卡最佳女主角奖后，又因在《东方快车谋杀案》中的精湛演技获得最佳女配角奖。然而，在她领奖时，她一再称赞与她角逐最佳女配角奖的弗沦汀娜·克蒂斯，认为真正获奖的应该是这位落选者，并由衷地说：

"原谅我，弗沦汀娜，我事先并没有打算获奖。"

这其实就是一种心理上的平衡。褒曼已经是获胜者，无须再炫耀自己。试想，如果褒曼对自己的获奖再大肆赞扬，露出一脸"阳光灿烂"的表情，很有可能引起伙伴的反感和忌妒，从而，影响今后和别人的合作。褒曼很聪明也很有气度，她没有喋喋不休地叙述自己的成就与辉煌，而是对自己的对手推崇备至，极力维护了落选对手的面子。无论谁是这位对手，都会十分感激褒曼，会认定她是倾心的朋友。一个人能在获得荣誉的时刻，如此善待竞争对手，如此与伙伴贴心，没有非凡的气度是办不到的。

其实，在现实生活中，你的合作伙伴、你的搭档、你的同事，在发生一些利益冲突时，都会成为你的竞争对手。这时，一旦晋升的机会靠近你时，千万别得意忘形，记得多给对方一点面子，这不仅是对对方的一种尊重，也是为以后的合作扫除障碍。给他人面子，不仅是一种做人的气度，也是成事的原因之一。

5. 撇开面子，用真实赢得他人的认可

> 在人生道路上，有时候人在屋檐下，不得不低头。但要记住，要放下不必要的"面子"包袱，用真实赢得他人的认可。

面对日益激烈的社会竞争，越来越大的生存压力落在每个人头上。一个人在生活中不可能一点不受气、不受累、不遭人斥责，人在屋檐下，不得不低头。这个时候，最好还是把自己的头低一低，不要为面子而丢掉工作。

例如，如果你在工作中受到了不公正待遇，你会用什么办法来解决呢？是不是碍于面子而甘心情愿地沉默不语呢？其实这里面的学问很大，本来一份很好的工作如果是自己提条件的方式不对，而会导致丢掉工作的结果，那不是太冤了吗？话又说回来，如果真的是你的付出与回报不符，那你又怎么处理呢？

其实，真的应该多积累一些这方面的经验，多掌握一些提条件的技巧，不要碍于面子，甘心做"驼鸟"，也不要任何时候都不要"面子"而成为众矢之的。类似这种事如果处理不好，上下级之间、同事之间、朋友之间都有可能发生不愉快，甚至是一场"战争"。

2001年，约翰·詹姆斯已经以工程师的身份在通用电气公司（GE公司）工作了一年，年薪是10万美元，这时，他的第一位老板给他涨了10000美元的薪水。他觉得这样挺不错，可是，时隔不久，他发现与他在一个办公室中工作的4个人的薪水居然是完全一样的。于是，一种不平衡感涌上他的心头。因为以工作成绩来看，他应该

· 34 ·

得到比"标准"更多的东西。

于是，他决定去和老板谈一谈，但是讨论没有任何结果。

愤愤不平之下，詹姆斯萌生了换工作的想法。他开始详细察看报纸的招聘信息栏，希望能够早日找到心仪的工作。不久，他便找到了一份很适合的工作，那是一家设计生产塑料产品的公司，詹姆斯对他们的塑料产品的性质进行了详细分析，此外，詹姆斯还给出对主要竞争产品的分析。

实际上，对这家公司的老总来讲，这根本不是什么意义重大的分析，但是它来自一个穿着白色实验服的科研人员，就有些非同寻常了。

但对詹姆斯来讲，他现在想要做的就是在公司中"脱颖而出"。如果他在回答上司的提问时，仅仅回答了他们的问题，那么就很难引起注意。并且，每当老板们提出各种问题时，他们在脑海中早已经有了自己的答案。他们只想得到再次的确认而已。为了显示与众不同，詹姆斯在回答时便注意给出的不仅仅是答案，还有意料之外的新鲜观点。

老板显然对此印象深刻。因此，在 5 个小时的晚饭过程中，他拼命地挽留詹姆斯，希望他继续留在 GE 公司工作。他作出保证，答应给詹姆斯更高的工资，更为重要的是，他发誓杜绝公司的官僚作风。詹姆斯吃惊发现，他居然和自己一样对公司的官僚作风感到失望。

詹姆斯以为，很多 GE 公司的老板们会很高兴让他离开的，尤其是他的一个同事。毫无疑问，他的工作对他的同事而言肯定是构成了威胁。但幸运的是，老板虽然不是每天都和詹姆斯在一起，但他却并不这样看。和他一起用过那次晚宴后，詹姆斯并没有立即答应他的要求。于是，在他回康涅狄格州西港家中的 3 个小时旅途中，他不停地给詹姆斯打电话继续游说。

做事只会死要面子的人，将真我压制在"内心深处"，如果对于他人的看法过于看重，总觉得自己是为他人而活，失去了自己。那么这样的人，可能说很难成功，甚至连做人也会远离快乐。

老板确实表现出了对詹姆斯的器重。他答应给詹姆斯在原来给他涨 10000 美元工资的基础上再涨 10000 美元，答应让他负起更多的

责任，以及防止官僚作风。

就这样，第二天早晨，在欢送詹姆斯的聚会举行之前，他决定留下来。

老板的认可——他认为詹姆斯与众不同而且特殊——这也给詹姆斯本人留下了深刻的印象。自此以后，"区别对待"便成了对詹姆斯进行管理的一个基本组成部分。

也许有人会认为，为得到高于"标准"涨幅的工资，詹姆斯的行为达到了极端。不过区别本身就是非常极端的行为，奖赏那些最优秀的人才，同时剔除那些滥竽充数的职员，严格执行区别对待确实可以产生真正的人才——这些人才将创建成功的事业。

不要碍于面子，要有勇气进行反抗，要敢于捍卫自己的利益。这是詹姆斯在不公正的待遇面前告诉我们的。在工作中，或许我们可能不满于自己的老板，觉得他们做得不够好，对自己不公平，也很想说出来，但是碍于面子，总觉得难以启齿，始终将不满藏在心里，或将这种情绪发泄到了工作中，那么你的事业就可能会停滞不前，甚而逐渐退步，即使被炒鱿鱼你也只能无话可说。

每个人都必须承担属于自己的那份责任，在此基础上，每个人应该得到属于自己的最好待遇。而这种待遇的获取，常会成为你最初的机遇，你也会随着它的一步步来临，最终改变自己的人生道路，走向成功的彼岸。在人生道路上，要记住放下不必要的包袱，用真实赢得他人的认可。

做人赢在获得人心

zuo ren ying zai huo de ren xin

6. 不要让面子成为与人争论的借口

社交过程中，人们会遇到形形色色的人，虽然不要求你去喜欢他们中的每个人，但至少也应学会给他人留足面子。

与人交往时，要注意在公共场合给别人留足面子，不要为了维护一时的面子而与人打嘴仗，非要争个你死我活。要知道避免争论，就能赢得好感。运用一些心理上的战术，或许就能得到双赢的圆满结果。

现实生活中，善于以自我为中心的人，过分地相信自我标准，别人述说某种感觉、态度和信念的时候，他们对别人的想法会立刻给予判定"说得不错"或"真是好笑"、"这种说法完全不合乎常礼"、"这样说不行"、"这不正确"、"这不太好"。因而，在日常的交际中，势必会与人产生争论，造成太多心与心的嫌隙。

社交过程中，人们会遇到形形色色的人，虽然不要求你去喜欢他们中的每个人，但至少也应学会给他人留足面子。当然，与人相处，当双方意见不统一时难免会产生口舌之争，然而会做人的人，不会让这种争执成为破坏友谊的蛀虫，他们总是以和为贵，从而赢得别人的好感，提高了自己在他人心目中的地位，人缘自然而然就会提高。

但是，一旦争论产生后，大多数人都会竭尽全力地去维护自己那些并不全面、不成熟的观点。对那些没有必要深究的问题，给予太过于隆重的对待，只会激化矛盾。

不妨站在他人的立场考虑一下问题，此时你会发现一个深刻的人生哲理：一场狂风暴雨般的唇枪舌剑过后，我们得到的仅是心烦意乱，而失去的却是彼此间亲密的情分，以后的日子里友谊将出现一种隔膜，彼此将日渐疏远。

卡耐基曾经说："你赢不了争论。要是输了，当然你就输了；如果赢了，还是输了。"看似绕口的一句话，却也包含交际的战术。会做人的人，在遇到此类事情时总会留一手，即使自己的口才出类拔萃，他们也不愿与人争论。迫不得已被卷进争论中时，也甘愿充当个失败者。

与人争论，并不是在向人显示自己的威风，维护自己的口才，而是在树立"敌人"，即使获得了胜利，却证明了你并不是一个会做人的人。

争论对双方来说，没有任何的好处，遇到与人发生争执时，不妨努力使自己去了解对方，给他人留足面子。争论无益于友情，在争论的影响下产生的结果只有两种：一是越来越坚信自己所持观点的正确性；二是基于面子即使意识到自己错了，出于维护自尊心也不会向他人低头认输，加之人固执的本性，双方距离会越拉越远，争论结束也就意味着友情破裂。

双方的立场已不再是开始时的并列，而是为双方共同设立了一个"敌人"。普天之下有一种人人缘最好，就是时刻给他人留足面子，并可在争论中自动低头认输的人。

林肯曾经斥责一位和同事发生争吵的青年军官，他说："任何决心有成就的人，是不会将时间耗费在私人争执上的。争执的后果是失去了自制，这不是你能承担得起的。要在跟别人拥有相等权利的事物上多让步一点；如果你是对的，就让步少一点，与其跟狗争道，被它咬一口，倒不如让它先走。就算将其杀死，被它咬伤也已成事实。"

的确，任何人都承担不起争论的后果，我们虽然不能改变争论造成的后果，但是却可以防微杜渐，尽力避免。

如果想在争论中改变他人的看法或态度，那么你错得就有些太离谱了。每个人都有一种发自内心的优越感，总将自己的优越性，带进与人相处的社交当中，造成一些不必要的麻烦。即使有些人能够主动

承认自己的错误，蔑视自身的优越感，却很可能被他人称为"懦夫"、"胆小鬼"或"愚蠢人"。

其实，这种看法完全错误，那并不是懦弱的象征而是一种难能可贵的、可供称赞的美德，是一种超越"优越"与"权威"的体现，也是在社会上即将取得辉煌成就的前兆，也是一种心理战上的胜利。

很多人之所以爱和别人争论，究其原因，是缺乏自我反省的勇气，是内心的"自我权威"在作祟，其实，消灭这种过分的"自我优越"并不是一件多么困难的事情，只要人们心中充满爱，与人交际过程中给他人留足面子，毁灭心中那多余的冲动，冲破那一层古怪的心理障碍根本不成问题。

当所有人都对你没有好感时，就要反省自己是否是一个热爱与人争论的人，不要等到自己已经被众人孤立起来时，才翻然醒悟，那时已经为时晚矣，陪伴你的也只有孤独寂寞了。

"恨不消恨，端赖爱止"的意思是告诫人们，与人争吵并不可能消除误会。只有尽量让自己去了解对方，在争论中主动认输给别人留足面子，才可以在人们当中重新树立起"人气儿"。

学会"给他人留面子"就等于成功了一半。凡事与他人的意见产生分歧时，试着用这么一种句式："原来是这样啊！你说的是正确的，我经常为此而出错，不过幸好这次有你的提醒，我才不至于犯相同的错误。啊，依我看，这是最理想的结果。"将这些用语应用到与人交往中，没有人会不给你面子。

现实生活中，许多人都领教过与人争吵的苦。俗话说："吃一堑，长一智。"与人交往时一定要避免这一点。如果要想表现得比别人聪明，就不要向对方显示你的才，也不要随便地践踏他人尊严，在公共场合给别人留足面子，要比自己死要面子强百倍。要知道避免争论，就能赢得好感。这是一种心理策略，也是一种获得胜利的有效途径，更是做人的智慧之处。

7. 别耍小聪明，放得下才是硬道理

> 苏格拉底曾告诫他的学生："你只知道一件事，那就是你一无所知。"要学会谦虚，不要太出风头，目中无人；要藏而不露，不要太在乎面子。

孔子曾说："人不如，而不恨，不亦君子！"苏格拉底在雅典也曾一再告诫他的学生："你只知道一件事，那就是你一无所知。"这些经典的格言，就是想告诉人们，即使你真有两下子，很聪明，也不要太出风头，目中无人。要藏而不露，不要太在乎面子。也就是说，在做人处世中，不要卖弄自己的雕虫小技。要学会放下，有时候放下就是快乐。

前面已经提及，不要表现得比别人聪明，人们看不起耍小聪明的人。认为这些人只会卖弄而无真才实学。即使你真的很聪明，也要有掩藏聪明的本领。有时候的成功，不是因为你很聪明，而是因为你会聪明。这才是成功的方法和技巧。

《庄子·杂篇》中有一则寓言说：吴王乘船渡过长江，登上一座猴山。猴子们看见国王率领大队人马上山来了，都惊叫着逃进丛林，躲藏在树丛茂密的地方。唯有一只猴子却从容自得，抓耳挠腮，在吴王面前蹿上跳下，卖弄技巧。

吴王很讨厌这只猴子的轻浮，便拈弓搭箭，向它射去。这只猴子存心要显露本事，因此，当吴王的箭射来时它就敏捷地跃起身，一把抓住飞箭。吴王转过身去，示意随从们一齐放箭，箭如雨下，不可躲闪，那只猴子终于被乱箭射死。

竞争的经验告诉我们，枪总是会打出头鸟的，这就是爱出风头的危险，他们自以为掌握一点本事，就可以任意表露，无论在什么人面前都想"露两手"。总想表现自己，对一切都满不在乎，头脑发涨，忘乎所以。在待人处世中，这种人十个有十个要失败。

那么，如何做人才算能易于自己的成功呢？不妨从以下3方面注意：

（1）要在生活枝节问题上学会"随众"

萧规曹随，跟着别人的步履前进，这样做的目的就是比较安全。美国的艾伦·芬特在《小照相机》一书中有过这样的心理测验：

一个人走进一家医院的候诊室，他向四周一看，感到非常惊讶：每个人都只穿着内衣内裤坐着等候。他们穿着内衣内裤喝咖啡、阅读报纸杂志以及聊天等。这个人起初非常惊奇，后来判断这群人一定知道一些他所不知道的内情，于是20秒钟之后，这个人也脱下外衣，仅着内衣内裤，坐着等候医生。

这种随众附和的做法，至少有两大实际目的：第一，在某些情况下，当你茫然不知所措时，你该怎么办？当然是仿效他人的行为与见解，从而发掘正确的应对办法。第二，社会上的群居生活，需要大家互相合作。

（2）办法多一点，主张少一点

换一句话说，就是多一点具体措施，少一些侃侃而谈。年轻人，对于诸多事情，总是喜欢发表主张。主张是对于某种事物的观察所得，观察分析才能有所得。所得能够成为一种主张，当然是一件可喜的事情。但是，如果急于求成，一有所得，不分场所，不看对象，立即发表出来，往往是没有什么好处的。

少一点高谈阔论，多一点具体的切实可行的办法。譬如，上司和同事或者朋友，希望你帮助他办某件事，你可以拿出一套又一套的办法，第一套方案，第二套方案，总之，你千方百计把问题解决了，这比发表"高见"，不是有意义得多吗？不说空话，而又能干得成实事，这才有利于你的成功。

（3）不要让人感觉你比他更聪明

如果别人有过错，无论你采取什么方式指出别人的错误：一种不满的腔调，一个蔑视的眼神儿，一个不耐烦的手势，都可能带来难堪的后果。

罗宾森教授在《下决心的过程》一书中说过一段富有启发性的话："人，有时会很自然地改变自己的想法，但是如果有人说他错了，他就会恼火，更加固执己见。人，有时也会毫无根据地形成自己的想法，但是如果有人不同意他的想法，那反而会使他全心全意地去维护自己的想法。不是那些想法本身多么珍贵，而是他的自尊心受到了威胁……"

其实，我们周围的人，和你一样，都各有主张。多数人都不喜欢采纳别人尤其是下属的主张，因为这往往会被认为有失身份，有损体面。这是一般人的心理。

所以，做人要获得人心，就是不要把别人都看成是一无所知的人。如果我们把同事都看成是庸才，只有自己有真知灼见，于是在一个团体内，多发主张，结果被采纳的百分比，恐怕是最低的，而且很可能是最先被淘汰出局的人。

为什么做人要提倡"别卖弄自己的聪明"呢？这是因为"聪明"是相对的，是对某一具体的方面、具体的人而言的。你在这个人面前很聪明，而在另一个人面前，很可能就不怎么样。所以，聪明还是不"聪明"并不是什么做人的资本，不值得卖弄。相反，有时候谦恭一些，反而更能帮助你被人认可和喜爱。

8.放下"包袱"，做自己该做的事

> "面子"有时就是一个沉重的包袱，一个人如果一生都活在这样的包袱下，就很难走得更远、更好。人生在世，有时候在困难面前就需要撇开身外之物的"面子"，做自己想做的事。

中国人历来"好面子"，命可以不要，但是面子不能丢。然而我们也有这样的哲理："以忍为上"，"吃亏是福"。这不仅是一种玄妙的处世哲学，也是一副做人的良方。很多时候，吃一点亏其实就是得大便宜，我们没有必要时时刻刻背着"面子的包袱"，让自己伸不开手脚，弄得身心俱疲，还不能受益。

我们不妨做这样一个假设：你和别人开车相撞，对方的车只是"小伤"，甚至可以说根本不算伤，你不想吃亏，准备和对方理论一番，可对方车上下来四个彪形大汉，个个横眉怒目，围住你索赔，眼看四周荒僻，也无公用电话，更不可能有人对你伸出援手。请问，你要不要吃"赔钱了事"这个亏呢？

你当然可以不吃这亏，如果你能"说"退他们，而且自己不受伤；如果你不能说，那你就只有"赔钱了事"了。因此，眼前亏不吃，换来的可能是一顿拳打脚踹将车子砸坏。报警？车子已被砸坏，最终受害最深的还是自己，何苦呢？

可见，面子不能当命用，该放下是就要放下。我们此时的低头是为了生存，也是为了长远的未来。如果因为不丢面子而蒙受巨大的损失，哪儿还谈得上未来和理想？

可是有不少人，会为所谓的"面子"和"尊严"，甚至为了所谓的"正义"与"公理"，而与对方搏斗，而因此一败涂地，元气大伤。

汉朝开国名将韩信是"不要面子"的最佳典型，乡里恶少要他爬过他们的胯下，不爬就要揍他，韩信二话不说，爬了。如果不爬呢？恐怕一顿拳脚，韩信不死也只剩下半条命，哪儿来日后的统领雄兵，叱咤风云？他吃眼前亏，为的就是留得青山在，不怕没柴烧啊！

所以，当你碰到对你不利的环境时，千万别逞血气之勇，也千万别认为"可杀不可辱"，宁可吃吃眼前亏。

与韩信同时代的张良也是一位善于"低头"的人。张良原本是一个落魄贵族，后来作为汉高祖刘邦的重要谋士，运筹帷幄之中，辅佐高祖平定天下，因功高被封为留侯，与萧何、韩信一起共为汉初"三杰"。

张良年少时因谋刺秦始皇未遂，被迫流落到下邳。一日，他到沂水桥上散步，遇一穿着短袍的老翁，到他近前时故意把鞋摔到桥下，然后傲慢地差使张良说："小子，下去给我捡鞋！"张良愕然，不禁拔拳想要打他。但碍于长者之故，不忍心下手，只好违心地下去取鞋。老人又命其给穿上。饱经沧桑、心怀大志的张良，对此带有侮辱性的举动，居然强忍不满，膝跪于前，小心翼翼地帮老人穿好鞋。老人非但不谢，反而仰面长笑而去。张良呆视良久，老人又折返回来，赞叹说："孺子可教也！"遂约其5天后凌晨在此再次相会。张良迷惑不解，但反应仍然相当迅捷，跪地应诺。

5天后，鸡鸣之时，张良便急匆匆赶到桥上。不料老人已先到，并斥责他："为什么迟到，再过5天早点儿来。"第三次，张良半夜就去桥上等候。他的真诚和隐忍博得了老人的赞赏，这才送给他一本书，说："读此书则可为王者师，10年后天下大乱，你用此书兴邦立国；13年后再来见我。我是济北毂城山下的黄石公。"说罢扬长而去。

张良惊喜异常，天亮看书，乃《太公兵法》。从此，张良日夜诵读，刻苦钻研兵法，俯仰天下大事，终于成了一个深明韬略、文武兼备、足智多谋的"智囊"。

现实生活是残酷的，很多人都会碰到不尽如人意的事情。残酷的

现实需要你对人俯首听命，这样的时候，你必须面对现实。要知道，敢于碰硬，不失为一种壮举，可是，胳膊拧不过大腿。硬要拿着鸡蛋去与石头斗狠，只能算作是无谓的牺牲。这样的时候，就需要用另一种方法来迎接生活。不妨拿出一块心地，专放不平之事，闭起双眼，权当不觉。

古人说："小不忍则乱大谋。"聪明的人懂得适当的忍耐、婉转和退却，不为一时的面子之争而失了大利。

9. 保持一张笑脸不丢面子

> 我们可以想象一下，纵使一个怒火难忍的人，对一个
> 满脸堆笑的人又能怎样呢？

海耶斯是美国俄亥俄州的著名演说家。他一直记着自己还是一个全然生疏、紧张兮兮的实习推销员在推销收银机时的情景。

一位老练的前辈带海耶斯来到某个地区。当他们进入一家小商店时，老板突然大叫："我们对收银机没兴趣！"那位前辈就靠在柜台上呵呵地笑了起来，仿佛他刚听到世界上最好笑的故事一样。店老板瞪着他。

前辈直起身子，微笑着道歉说："我忍不住要笑。你令我想起另一家商店的老板，他也说他没兴趣，后来他成了我们最好的主顾之一。"

随后这位老练的前辈继续很正经地展示他推销的货品，每一次老板表示他对这东西没兴趣，他就把头埋在臂弯里，呵呵地笑起来，然后他会抬起头来又说一个故事，同样是说某人在表示不感兴趣之后买了一台新的收银机。

大家都在看他们，海耶斯当时害羞极了。他对自己说："他们会以为我们是一对傻瓜，而把我们赶出去。"那位前辈只是继续呵呵地笑，把头埋进臂弯里，再抬起头来，把店老板的每一声拒绝转变为他幽默的回应。

很奇怪的是，不一会儿，他们搬进一台新的收银机。海耶斯的前辈以行家的口吻，向老板说明用法，最后老板居然买了！

大部分的人，都会对带着笑脸的人有一种莫名的好感。明朗的脸

做人赢在获得人心
zuo ren ying zai huo de ren xin

可以让人有安全感；阴暗的脸色，总会给人一种疑惑感、嫌恶感、威吓感。因此，我们不能不注意自己是否是一副阴暗的表情。如果总是让自己有一副明朗的笑脸，如此下去，对方很可能被你"感化"，从而答应你的请求。

德、美、英三国的海军上将谈论起什么是真正的勇气。

德国将军说："我告诉你们什么是勇气。"说完他召来一名水手，"你看见那根100米高的旗杆了吗？我希望你爬到顶端，举手敬礼，然后跳下来！"德国水手立即跑到旗杆前，迅速爬到顶，漂亮地敬了个礼，然后跳下来。

"呵，真出色！"美国将军称赞说。接着他对一名美国水兵命令道："看见那根200米高的旗杆了吗？我要你爬到顶端，敬礼两次，然后跳下来。"美国水兵非常出色地执行了命令。

"啊，先生们，这真是一次令人难忘的表演。"

英国将军说："但我现在要告诉你们，我们皇家海军对勇气的理解。"他命令一名水手，"我要你攀上那根高300米的旗杆顶端，敬礼三次，然后跳下来。""什么，要我去干这种事？先生，你一定是神经错乱了！"英国水手瞪大眼睛叫了起来。"瞧，先生们，"英国将军得意地说，"这才是真正的勇气。"

精通处世技巧的人都知道，如果说话时加点儿幽默作为润滑剂，就会使对方在开心之余不知不觉地接受你，从而为整件事情打开一个良好的突破口。

第三章
凡事让人三分，留点余地好做人

　　话不能说死，事不能做绝；得饶人处且饶人；世事无绝对；三十年河东，三十年河西。人的一生很长，不可能总是一帆风顺，在自己得意时，给别人留点余地，让人记住你的善良，在别人落魄时，要让人三分，给自己赚一份感激之情。做人做事留下回旋的余地，成全别人的同时也是在成全自己。宰相肚里能撑船，是一种王者风度。为人豁达，才能赢得别人的支持，才能获得人心。

1. 做人宽容，让人三尺获人心

> 宽容犹如冬日正午的阳光，能融化别人心田的冰雪。
> 一个不懂得宽容别人的人，会显得愚蠢，大概也会苍老得
> 快；一个不懂得对自己宽容的人，会因把生命的弦绷得太
> 紧而伤痕累累，抑或断裂。

我们生活在一个竞争激烈的环境里，但倘若太吝惜自己的私利而不肯为别人让一步路，这样的人最终会无路可走；倘若一味地逞强好胜而不肯接受别人的一丝见解，这样的人最终会陷入世俗的河流中而无法向前；倘若一再地求全责备而不肯宽容别人的一点瑕疵，这样的人最终宛如凌空于高高的山顶，因缺氧而窒息。

曾有人把人比喻为"会思想的芦苇"，弱小易变，因而情绪的波动随时都在改变对事物的正确了解。人非圣贤，就是圣贤也有一失之时，我们何以不能宽容自己和别人的失误？

宽容并不意味对恶人横行的迁就和退让，也非对自私自利的鼓励和纵容。谁都可能遇到情势所迫的无奈，无可避免的失误，考虑欠妥的差错。所谓宽容就是以善意去宽待有着各种缺点的人们。因其宽广而容纳了狭隘，因其宽广显得大度而感人。

李美毕业后初入社会，在某合资公司外贸部就职，不幸碰上一个爱拍马屁、什么本事都没有的主管。此人每天下班后没什么事儿也要跟着日本科长拼命"加班"，无事生非，把白天理好的文章弄得一团糟，转眼出了错，又把责任全部推给李美。李美不是一个会"争"的女孩子，只好忍气吞声等日本科长长出"火眼金睛"，结果等了3个

月，还是等不来一句公道话。

一气之下，李美就去了另一家外资公司。在那里，她出色的工作博得了许多同事的称赞，但无论如何也没法使苛刻、暴躁的马经理满意。心灰意冷间，她又萌动了跳槽之念，于是递交了辞呈。总裁先生没有竭力挽留李美，只告诉她自己处世多年得出的一条经验：如果你讨厌一个人，那么你就要试着去爱他。总裁说，他就曾鸡蛋里挑骨头一般在一位上司身上找优点，结果，他发现了老板两大优点，而老板也逐渐喜欢上了他。

李美依旧讨厌她的经理，但已悄悄地收回了辞呈。她说："现在想开了，作为一个成熟的人应该放开心胸去包容一切、爱一切。换一种思维看人生，你会发现，乐趣比烦恼多。"她可以说已经成熟了许多，真正明白了宽容做人的道理。

"以爱对恨，恨自然消失。"试着去爱你不喜欢的人吧，他们也会喜欢你的。

当我们受到不公平的和很深的心灵创伤之后，我们自然对伤害者产生了怨恨情绪。一位妇女希望她的前夫和新妻的生活过得充满艰难困扰；一位男子希望那位出卖了他的朋友被解雇。怨恨是一种被动的和侵袭性的东西，它像一个化了脓的不断长大的肿瘤，它使我们失去欢笑，损害健康。怨恨，更多地危害了怨恨者自己而不是被仇恨的人。因此，为了我们自己的利益，这个肿瘤必须切除。

下面就是帮你实施宽容的几点方法：

（1）正视你的怨恨

没有人愿意承认他恨别人，所以我们就把怨恨藏在心底。但怨恨却在平静的表面上奔流，损伤了我们的感情。承认怨恨，就等于强迫我们对灵魂施行手术以求早日痊愈，即作出宽恕的决定。我们必须承认所发生的一切事情，面对另外一个人直接地说："你伤害了我。"

丽兹是加利福尼亚大学的一名副教授，她是一个很称职的老师，她的系主任答应替她向教务长请求提升她。然而，系主任在向教务长提交的报告中却严厉地批评了丽兹的工作，以至于教务长对她说："走吧，你最好另谋职业。"

丽兹恨透了系主任对她的诋毁。但她还要从他那里得到一纸推荐书，以便另找工作。当系主任对她说："真抱歉，尽管我在教务长面前为你说了许多好话，但仍然不能使教务长提升你。"她假装相信他的话，但她难以忍受这口怨气。一天，她将这口气直接向这位系主任吐露了，而他却断然否认了这件事。这使她看出他是多么可怜、多么卑鄙的人。于是她感到不值得和他生气，并最后决定把这桩事情抛在一边。

（2）将错事与做错事的人区分开

也就是说，对错事本身感到愤怒，而不是对做错事的人感到愤怒。要做到这一点，首先应该重新估价这个人的优点、缺点，以及他做错事时所处的环境。凯西是一个16岁的头脑爱发热的少女，她小时候就被她的生身父母遗弃了，对此她十分愤恨。她不明白为什么她就不值得她的父母自己来抚养。后来她才发现她的生身父母很穷，并且生她时还未结婚。

后来，凯西的一位朋友怀孕了，在担惊受怕的情况下，把她的婴儿送给了别人抚养。凯西分担了她朋友的忧虑，并且意识到在这种环境下这样做是最好的办法。这使她逐渐认识到她自己的父母那样做也是对的——他们自己没有能力抚养孩子，他们把自己的孩子给别人抚养，是因为他们太爱孩子了。凯西对自己父母的新看法促使她的怨恨逐渐降低，并最终谅解了生身父母。从此她更看重自己有价值的人生了。

（3）过去的事情就让它过去吧

一位漂亮的女演员几年前在一次车祸中成了残废。她的丈夫陪伴着她，直到她几乎完全康复。而后，他却冷酷迅速地离开了她。

她只好沉湎在对美好往事的回忆之中。对于前夫，她只有愤恨，但最终她还是宽恕了他。她说："如果我只是终日地沉湎于对他旧日的情爱的回忆之中，整天只是怨恨他的冷酷，那么，我只有终日流泪的分，于我的身体有害无益。让过去的事情过去吧，我需要的是获得未来的幸福。"人生不过短短数十年，每个人都是握着手而来，撒手而去，何必让那些怨恨和愤怒再纠缠心间，防碍我们今天的幸福呢？

2. 胸怀宽广，能容人处且容人

> 宽以待人可以使人有个宽广的胸怀，容忍别人的过错。同时，也可以不因别人合理的指责而迁怒别人，达到人际关系的和谐。

做人要宽容。一个总以敌视的眼光看待他人，对周围的人戒备森严，心胸狭窄，处处提防，不能宽大为怀，必然会因孤独而陷于忧郁和痛苦之中；而宽宏大量，与人为善，宽容待人，能主动为他人着想，肯关心和帮助别人的人，则讨人喜欢，被人接纳，受人尊重，具有魅力，因而能更多地体验成功的喜悦。

宽以待人，就是在人际交往中有较强的相容度。人们往往把宽广的胸怀比作大海，能广纳百川之细流，也不拒暴雨和冰雹；也有人把忍耐性比作弹簧，具有能屈能伸的韧性。谁若想在困厄时得到援助，就应在平时待人以宽。这就是说，相容接纳、团结更多的人，在顺利的时候共奋斗，在困难的时候共患难，进而增加成功的力量，创造更多的成功机会。反之，相容度低，则会使人疏远，减少合作力量，人为地增加阻力。

人往往能够将别人的缺点看得一清二楚，但这并不意味着可以因此严厉地指责别人。在与人相处时，要懂得随时体谅他人，在温和且不伤害人的前提下，适宜地帮助别人。以严厉的态度对待别人，容易遭致他人的怨恨，反而无法达到目的。若要避免遭受人为的困扰，关键在于宽容他人，处世做人不应用苛刻的标准去要求别人，要尊重他人的自由权利，只有做一个肯理解、容纳他人优点和缺点的人，才会

受到他人的欢迎。而对人吹毛求疵，又批评又说教的人，不会有亲密的朋友，别人对他只有敬而远之。

因此，人应当有广阔的胸怀，宏大的气度。大河里生活的鱼，不会因遇到一点风浪就惊慌失措；而小溪里的鱼就不同了，一感觉到有点异常动静，立刻四处逃窜，人也是这样的。胸襟坦荡宽广的人不为犹如芝麻般的小事而忙得团团转，他们把目光投向生活的深度和广度，他们是做事稳重、态度从容不迫的人。

战国时，梁国与楚国交界，两国在边境上各设界亭，亭卒们也都在各自的地界里种了西瓜。梁亭的亭卒勤劳，锄草浇水，瓜秧长势极好，而楚亭的亭卒懒惰，对瓜事很少过问，瓜秧又瘦又弱，与对面瓜田的长势简直不能相比。楚人死要面子，在一个无月之夜，偷跑过去把梁亭的瓜秧全给扯断了。梁亭的人第二天发现后，气愤难平，报告县令宋就，说我们也过去把他们的瓜秧扯断好了。宋就听了以后，对梁亭的人说："楚亭的人这样做当然是很卑鄙的，可是，我们明明不愿他们扯断我们的瓜秧，那么为什么再反过去扯断人家的瓜秧？别人不对，我们再跟着学，那就太狭隘了。你们听我的话，从今天起，每天晚上去给他们的瓜秧浇水，让他们的瓜秧长得好，而且，你们这样做，一定不可以让他们知道。"

梁亭的人听了宋就的话后觉得有道理，于是就照办了。楚亭的人发现自己的瓜秧长势一天好似一天，仔细观察，发现每天早上地都被人浇过了，而且是梁亭的人在黑夜里悄悄为他们浇的。楚国的边县县令听到亭卒们的报告后，感到非常惭愧又非常敬佩，于是把这事报告给了楚王。楚王听说后，也感于梁国人修睦边邻的诚心，特备重礼送与梁王，既以示自责，也以示酬谢，结果这一对敌国成了友邻。

生活中常常有些人，无理争三分，得理不让人，小肚鸡肠。相反，有些人真理在握，不声不响，得理也让三分，显得绰约柔顺，君子风度。一个活得唧唧喳喳，一个活得自在潇洒。假如是重大的或重要的是非问题，自然应当不失原则地论个青红皂白，甚至为追求真理而献身，也值得。但日常生活中，也包括工作中，有些人往往为一些非原则问题争得不亦乐乎，谁也不肯甘拜下风，说着论着就较起真来，以至于非得决一雌雄才算罢休，闹个不欢而散，影响团结。争强好胜者未必掌握真理，而谦和的人，原本就把出人头地看得很淡，更不屑说一点小是小非的争论，根本不值得称颂了。越是你有理，越表现得谦和，往往越能显示一个人的胸襟之坦荡、修养之深厚。

与人方便，自己方便。以善良的人性为人处世，自然会获得他人的认可。

一个能成就一番事业的人，定是一个心胸开阔的人。

青年人要成大事，一定要有一个开阔的胸怀，只有养成了使自己的胸襟开阔，坦然面对，包容一些人和事的习惯，才会在将来取得事业上的成功与辉煌！

做人赢在获得人心

zuo ren ying zai huo de ren xin

3.懂得退让，让人三分

> 为人处世，遇事都要有退让一步的态度才算高明，让一步就等于为日后的进一步打下基础。给朋友方便，实际上是日后给自己留下方便。

每个人都有自己的个性，都可能在某些方面与别人不同。朋友相处常常就会有大大小小的矛盾，当我们面对这些矛盾时，不可以为"狭路相逢勇者胜"，因为胜的同时，一份友情也就消失了。

留一步，让三分，是一种谨慎的处世方法，适当地谦让不仅不会招致危险，反而是寻求安宁的有效方式。个人生活中，除了原则问题必须坚持，对于小事，对于个人利益，谦让一定会带来身心的愉快，以及和谐的人际关系。有时，这种"退"即是"进"，"予"即是"得"。

交朋友，就像在跳交谊舞，有进有退，有退有进，有时，退一步路更宽。可能有这样的经历，去登一座有名的山，往往会直奔主峰，一是有点"不到长城非好汉"的气魄，二是听说峰上有日出、有佛光、有云海，十分迷人。所以对沿途的景色不屑一顾，等到了峰顶，已是气喘如牛，满身大汗，结果没见到日出，也没见到佛光，偶见云海，又觉得不过如此，扫兴而归。假如换一个角度，不要将目标定在顶峰，而是走到哪儿算哪儿，不慌不忙，一路走去，从容赏景，会觉得到处美不胜收，还会有意外的发现与惊喜。

交朋友也同样。古进与刘文是同窗好友，他俩毕业后，同分在一个单位工作，有一个升职的机会，两人只能去一个。谁都知道，但古

进还是主动让与了刘文，自己在文教科做职员。闲下来时，他写了几篇文章，抱着试试看的态度投到报社，居然发表了。以后，他坚持写，以致小有名气，成为单位的"一支笔"。

不刻意追求反而有所得，追求得太迫切、太执拗反而只能徒增烦恼。以退为进，这种曲线的生存方式，有时比直线的生存方式更有成效。古进的自我筹划，就让他找到了更广阔的天空。

朋友间要退让一步，退一步会发现，活动空间是宽阔的，行为会有多种的选择。

当你的事业一帆风顺时，一定要有谦让三分的胸襟，必要时，牺牲一些自己的利益。假如你总是利益独享，一毛不拔，本身你的好运已让朋友心有所想，甚至不平衡，如此一来，更会引起朋友的疏远和忌妒。

退让三分，必须在一个"忍"字上下工夫，学会忍耐朋友的小缺点、小错误，甚至忍耐朋友的不公和无礼。

一帮朋友在一起吃饭，一朋友将一碗热汤弄翻，洒了旁边一位朋友一身，他连忙道歉，说不小心，岂知旁边的朋友没容他说完，便对他说："烫到你了吗？"

这一句颇关心友人的反问，其实更胜过他说没关系。那只是一种容忍，而这句反问则让他由被动的忍转为主动的关心。倘若，你被弄了一身汤，你只是皱皱眉头，尽管一个小动作，给朋友的感觉也会不对劲，他也会道歉，也知道他的失误，但你的这个动作，会让他吃到不对的味道，且不说你埋怨他几句。假如一个朋友误解了你，当时他正在气头上，那么你最好不要去辩解，即使他口不择言，你也要学会原谅他。事后，当他知道真相时，他自然会对此表示歉意。

人生在世上，本来事情就千头万绪，又何必再为一些小事徒增烦恼呢？有些事，最终会让朋友明白你是无过的，那么，你最好跳出三界之外，忍一时风平浪静。

4. 留点余地，不要把事做绝

> 做人留有余地，就不会把事情做绝。于情不偏激，于理不过头，在追求成功的路上就会进退自如。

传说太阳神阿波罗的儿子法厄同驾起装饰豪华的太阳车横冲直撞，肆意驰骋。当来到一处悬崖峭壁上时，恰好与月亮车相遇。月亮车正欲掉头退回时，法厄同倚仗太阳车辕粗力大的优势，一直逼到月亮车的尾部，不给对方留下一点回旋的余地。正当法厄同眼看着难以自保的月亮车幸灾乐祸时，自己的太阳车也走到了绝路上，连掉转车头的余地也没有了，向前进一步是危险，向后退一步是灾难，最后终于万般无奈葬身火海。

这个故事告诉我们做人要留有余地，不可把事情做绝。人生一世，万不可使某一事物沿着某一固定方向发展到极端，而应在发展过程中充分认识，冷静判断各种可能发生的事情，以便有足够的条件和回旋余地采取灵活的应付措施。

世界上的事情是复杂多变的，任何人都不应该凭着一家之言和一己之见，自以为是。即使是某些以为拥有科学头脑的人，也应该留有一片余地供别人游览，供自己回旋。否则的话，就会给别人留下把柄。

不给自己留余地的人在笑够了别人之后，岂知把自己的短见也输给了别人，在伸手打别人耳光的同时，也是在打自己的耳光。

我们在做人时讲求留有余地，不能把话说得太满，要容纳一些意外事情，以免自己下不了台。

有一位年轻人与同事之间有了点摩擦，很不愉快，便对同事说：

"从今天起，我们断绝所有关系，彼此毫无瓜葛……"这话说完还不到两个月，这位同事成了他的上司，年轻人因讲过过重的话很尴尬，只好辞职，另谋他就。

因把话讲得太满，而给自己造成窘迫的例子到处可见。把话说的太满，就像把杯子倒满了水一样，再也滴不进一滴水，否则就会溢出来；也像把气球打满了气，再充就要爆炸了。

凡事总会有意外，留有余地，就是为了容纳这些"意外"，杯子留有空间，就不会因为加进其他液体而溢出来；气球留有空间便不会爆炸；人说话、做事留有余地便不会因为"意外"的出现而下不了台，从而可以从容转身。

我们可以见到一些被采访者在面对记者采访时偏爱用一些模糊语言，如可能、尽量、研究、或许、评估、征询各方面意见……他们之所以运用这些字眼，就是想为自己留有余地。否则一下把话说死了，结果是事与愿违，那该多难堪啊！

那么，怎样才能为自己留有余地呢？

（1）与人交恶，不要口出恶言，更不要说出"势不两立"之类的话。不管谁对谁错，最好是闭口不言，以便与他日后携手合作时还有"面子"。

（2）对人不要过早地下评断，像"这个人完蛋了"、"这个人一辈子没出息"之类属于"盖棺论定"的话最好不要说。人的一辈子很长，变化也很多，不要一下子判断"这个人前途无量"或"这个人能力高强"的话语。

总之，做人留有余地，使自己行不至于绝处，言不至于极端，有进有退，以便日后更能机动灵活地处理事务，解决复杂多变的社会问题。同时也给别人留有余地，无论在什么情况下，不要把别人推向绝路，这样一来，事情的结果对彼此都有好处。

5. 善于说"不"，委婉中显从容

既要把"不"字说出口，又能赢得人家的理解和体谅，与他人保持良好的人际关系，实非易事。敢于说"不"，诚然不易，而善于说"不"则更加难得。给拒绝找一个适当的方式，确实是一门艺术。

生活中有着许许多多的"怪圈"，明明是对你有利，你总断然否决；明明这人不适合于你，你又碍于面子，难以拒绝接受；明明是你不愿做的事情，在别人的盛邀下，只好勉强而为之。

的确，拒绝有时候真难！

拒绝真的这样难吗？我们如何走出人情关系的误区，巧妙地说出"不"字呢？

小陈承包经营着一家技术开发公司。几年来，市场瞄得准，技术开发战略决策恰当，科技人员力量雄厚，经营管理科学，使得企业产值和利税大幅度上升，经济效益极好，因而引得许多人都想往这个单位钻。

一天，小陈的一个老上司打电话，想给他推荐一个职员，能否接收。碍于面子，就让老上司带着求职者来面试。面试结果，发觉很不理想，进入公司吧，养了个庸才，而且会造成公司进人制度的破坏，进人口子过大过松，白送一份薪水不说，还影响公司长远发展；不接收吧，老上司以前待自己不错，碍于面子，不好拒绝。于是，小陈愁眉苦脸地问老师。

老师问清情况后，提出了3点建议：

（1）从大处、长处着想，应当拒绝；

（2）要摆明单位实际情况，让老上司及求职者明白不接收的客观原因；

（3）要顾全老上司的面子，免伤自尊和和气。

两天后，小陈高兴地打电话过来，告诉老师他拒绝的办法和效果。小陈首先请老上司和那个求职者参观了解一下公司工作室各人员忙碌的情况和做事的难度，以及进人规章制度。接着向老上司汇报了在老上司以前指导下的发展情况，今年的承包合同指标。"老上司，前几年，在您的指导下，公司发展很快，公司上下都非常感谢您的理解和支持。去年年初，我们按照您的指示修订和加强了管理制度和岗位用人制度，效果非常好，希望您能继续指导。对于您介绍的这个小伙子，所学与我们不对口，公司研究没有通过，也是怕影响今年的承包指标完成。如果有别的适合单位的话，我再想办法让他去试试。老上司，您看这样好吗？"

小陈通过让他们了解实际情况，明确地说出事实，"开诚布公"地拒绝了，即使不拒绝，求职者也很可能会畏缩。小陈以老上司指导而订的制度，既大大恭维了老上司，给了他很大面子，同时又以制度和合同指标给老上司自己指出了"两难"境地。此外，以本单位不适合，还有别的单位可能接收，留给对方一个后路。

从这个例子可以看出，要巧妙地拒绝应该做到：

（1）让对方了解实际情况和难处，开诚布公地拒绝，使对方相信你的真诚。

（2）拒绝时，要给对方留下面子，切不能伤人自尊。别人之所以来你这里求职，一方面是你公司的发展前景；另一方面也是公司的声誉。拒绝对方而不留面子，不仅会破坏你们的关系，而且也会影响整体声誉，影响公司招纳贤才的礼让形象。所以，绝对不能以伤人自尊的方式拒绝对方。

（3）力求使对方释然、高兴地接受。让对方感觉到公司的发展也有对方的一份力量（虽然不是公司职员，但局外人的支持和帮助也是难能可贵的，这使得公司增强了一份社会力量）。

做人赢在获得的人心

zuo ren ying zai huo de de ren xin

（4）此外，要注意选择拒绝时机。一个原则是当一定拒绝时，要及早拒绝，坚决不拐弯抹角地拒绝，好让对方有所准备，避免招致对方的错觉和不必要的麻烦。

诚然，拒绝别人总会让你有点不安，但是你不能不拒绝。那么巧妙地布置，把交际当舞台，安排好拒绝的主角和配角，就会使拒绝成为一门创造性的人际交往艺术，于是你达到了你的目的，也避免了造成关系的僵化。

巧妙的拒绝，是伴随你成功的一把小钥匙，不妨经常磨磨它，免得生锈了。它是你做人获得人心的好帮手。

6. 得饶人处且饶人

> 一个人应该懂得得饶人处且饶人的道理，绝对不能以一种仇恨、愤怒的态度去斤斤计较。否则，只会增强别人的敌意，搞坏身边人的心情，给自己的事业也带来损失。

有人认为"宽恕是一种比较文明的责罚"。只有在有权力责罚时却不责罚，才是一种宽恕，在有能力报复时而不报复，才是一种饶恕。如果是一种无能为力的屈服，却假冒宽大以自欺欺人，替自己装门面，便毫无价值与意义可言了。

欲成就大事的人，就是要有这种大度的气魄。老子所说的"甘愿做天下的溪涧，甘愿做天下的川谷"就是这种意思。所以孔子说："有盛德的人不轻佻、欺侮，轻佻、欺侮的君子，会蒙蔽人心；轻佻、欺侮的小人，欺罔而尽人力。"一个人没有大度的气魄是不会有什么了不起的成就的。

任何一位成大事的人都必须具备大度，只是有时我们没有注意到或者被史学家所疏忽。

例如班超，人们都了解他有显赫的武功，但是很少有人知道他的大度。当他决定把事业的基础建筑在西域时，便统兵远征，李邑就在皇帝面前进班超的谗言，说他的远征难以成功，并说他携着爱妻，带着爱子，在外享受安乐，没有归汉的心思，又说了许多子虚乌有的故事，请皇帝下诏书让他回国。事情被班超知道后，便遣送妻子回来以示归汉之心，后来李邑因事奉旨到西域，诏书中说班超可以留李邑为从事。如果常人来处理这样的事，就认为李邑确实是班超事业前途中

做人赢在获得人心

zuo ren ying zai huo de ren xin

的一个敌手，奉诏留下李邑，就可以追究他从前的谗毁之罪，又能免除朝廷的心腹之患，但是班超并不因这些事耿耿于怀，斤斤计较，反而让他护送乌孙侍子回京师。当时徐干劝他按照诏书的旨意，留下李邑，以免再为自己添加麻烦。班超说："我从内心省视没什么内疚的，何必顾虑他人的说法。"只从这一点，就可以看出班超的大度。

所以测度一个人的成就大小，也必须以容饶、宽恕、大度去衡量他，只有能宽恕人，才能容饶人；只有能容饶人，才能掌管人、使用人；只有能掌管人、使用人的人，才能成就他的伟大、高尚的事业与功德。"以恨报怨，怨恨就无穷尽；以德报怨，怨恨就会化解无存。"这是宽恕人的准则，宽恕了别人也就是宽恕了自己，使自己更能得人心，更受欢迎。

7. 做人不可斤斤计较，谦恭礼让获人心

人应当心胸宽大，绝不可斤斤计较，好与人比高低、争强弱。善于办事者，一定要有"宰相肚里能撑船"的意念，把自己的开阔胸怀充分展示出来，才能赢得别人的尊敬。

武则天时代有个丞相叫娄师德，可谓一位肚子里撑得了船的宰相。史书上说他"宽厚清慎，犯而不较"。意思是说他处世谨慎，待人宽厚，对触犯自己的人，从不计较。他弟弟出任代州刺史，临行前，他弟弟为了使他放心，表示："以后行人朝我脸上吐唾沫，我擦干就是了，绝不让你担心！"而娄师德却忧虑地说："这正是我担心的地方！人们唾你脸，是生你的气；你把唾沫擦掉，岂不是顶撞他，这只能使他更火。怎么办？人家唾你，你要笑眯眯地接受。唾在脸上的唾沫，不要擦掉，让它自己干。"

显而易见，"唾面不拭"，这种不谙是非，不讲原则，一味退让，盲目屈从的做法，在今天看来，十分迂腐可笑，不足为训。然而，娄师德"宽厚清慎，犯而不较"的精神，也并非一无是处，也有可取的一面。这一面就是豁达大度，气量如海。

气量如海，大度待人，对社会交际的顺利进行，有着十分重要的作用。人与人之间经常发生矛盾，在矛盾面前，若能够有较大的气量，以宽容的态度去对待别人，就会在时间的推移过程中，逐渐改变对方的态度，使得矛盾得到缓和。我们可以主张，一旦与他人发生矛盾，受到他人错误对待，应该有"单恋"的精神。不因对方对待自己态度上有错而改变自己初时的热情和真诚，始终不渝地以友好的感情对待

对方。有了这种"单恋"的态度，便能唤起对方的良知，这是有道理的。三国时期，东吴老将程普原先与周瑜不和，关系很不好。周瑜不因程普对自己不友好，就"以其人之道，还治其人之身"。他不抱成见，宽容待之。日子长了，程普了解了周瑜的为人，终于受到感动，体会到和周瑜交往，"若饮醇醪自醉"，就像喝了又浓又醇的美酒，会"自醉"一般。

战国时"将相和"的故事，大家非常熟悉。假如蔺相如发现廉颇羞辱自己以后，马上针锋相对，怒目相向，就会使彼此的矛盾空前激化，不但他本人失去一位忠实的朋友，而且将会给整个赵国带来严重的危害。从此可以看出，大度待人是促使人际关系和谐发展，消解矛盾和冲突的一剂良药。气量如海，大度待人，还可以帮助人们树立崇高的威信。无论是领导，还是群众，每个人都需要威信和影响力。没有威信和影响力，领导者不足以统御下属，教师不能教育好学生，商人卖不出货物，农民种不好自己的"一亩三分地"。那么，怎样建立自己的威信和影响力呢？其办法和途径有多种，然而气量如海，大度待人就是其中之一。

大度待人，对那些错误地对待自己，有愧于己的人不计前嫌，热情对待，不仅可以彻底消除彼此间的隔阂，而且反过来会激发对方的感激心理，使其尽最大的努力为自己做事。当然，要做到有肚量，亦非易事。这要求我们在社交活动中，必须摒弃个人私欲，不能为自己的一己之私去斗、去夺，与人闹得面红耳赤；也不能为了炫耀自己，而贬低他人，同样，像那种"报复之心"、"妒忌之念"这类私心大发作的东西，更不能存在。同时，能够做到有肚量，还要有点忍让精神。无缘无故受到冤屈时，只要不是恶意中伤，都应忍耐下去，应主动地"礼让三分"，从自身找原因。让时间、让事实来"表白"自己。

8. 关键时候予以恩泽，利人利己

古代成功人士无论是治国还是平定天下，都是讲究以德为本，施仁义于天下，不急功近利，不求之于诡诈，体现出一代大丈夫的气质。他们首先在君臣之间讲究仁义，推心置腹，予以恩泽。对人民则讲究恩德，以民为重，取得人民的支持与拥护。

《东周列国志》所描述的脍炙人口的“绝缨会”，就是说明楚庄王的将帅气度，非同凡响。一鸣惊人的楚庄王平定反叛之后，设宴招待群臣，名曰“太平宴”。当时楚国文武百官俱来赴席，喝到日落西山，兴尚未已。庄王命掌灯继续欢饮。当大家都带几分酒意时，庄王叫出许姬为大家敬酒。突然，一阵风吹灭了堂烛。席上一人见许姬美貌，趁灯灭之际，暗中扯她的衣裙，拉她的手。许姬倒也厉害，她左手绝裙，右手顺势将那人帽缨揪了下来。许姬取缨在手，趋步走到庄王跟前，附耳奏说：“我奉大王命敬百官酒，其中一人无礼，乘烛灭，强牵我袖。我已揽其缨在手，大王快命人点烛，看看是哪个小子干的！”庄王听罢，急命掌灯者，“切莫点烛！寡人今日要与诸卿开怀畅饮，大家统统绝缨摘帽，喝个痛快。”当文武官员皆去缨之后，庄王才命令点烛掌灯，于是，那个调戏许姬的人便被遮掩过去。

散席之后，许姬不解地问庄王：“男女之间有严格的界限，况且我是大王的人。您让我给诸臣敬酒，是对他们的恩宠。有人竟敢当您面调戏我，就是对您的侮辱，您不但不察不问，反而替那小子打掩护，这怎么能肃上下之礼，正男女之别呢？”庄王笑着说：“这你就不懂了。你想想，今天是我请百官来饮酒，大家从白天喝到晚上，大多带几分醉意。酒醉出现狂态，不足为奇。我如果按你说的把那个人查出来，显了你的贞节却冷了大家的场。让群臣不欢而散，那可不是我举办这个宴会的目的。"许姬听了庄王的一番道理，十分佩服。从此，后人把这个宴会叫做"绝缨会"。

调戏君王的宠姬，无疑是对君王的羞侮。这在奴隶社会和封建社会里，属于大逆不道的行为。谁要是犯了这方面罪过，是难逃脱的。楚庄王能原谅属下的不轨，还想方设法替他打掩护，确实是有胸怀和肚量的。

楚庄王作为一国之主，他之所以"绝缨"，主要是基于策略上的考虑。权衡利弊，顾全自己和宠姬的脸面同巩固政权、建立功业比起来，前者事小，后者才大。因妇人之见而失去群臣的拥戴之心，那是得不偿失的。

楚庄王这一招，收到了意想不到的好效果。后来，楚师伐郑，前部主帅襄老的副将唐狡，自告奋勇率百余人充当先锋，为大军开路。唐狡力战，攻无不克，战无不胜，使楚军进展顺利。庄王嘉奖襄老，襄老说，这是副将唐狡的功劳。庄王要厚赏唐狡，唐狡不好意思地说："我怎么还敢讨赏呢！'绝缨会'上牵美人的罪犯就是我！蒙大王昔日不杀之恩，今日才舍命相报。"楚庄王感叹："如果当时明烛治他的罪，今天怎么会有人效死杀敌！"

历史上，大凡能成就一番事业的雄略之主，一般都具有超人的战略远见和博大胸怀。例如，春秋时期的首霸齐桓公，刚即位时不计管仲一箭之仇，毅然接受鲍叔牙的推荐，任命管仲为相；唐太宗李世民在夺得政权以后，不计前怨，重用以前的政敌魏征，把他提拔为宰相，视为明镜。可以推断，管仲权倾朝野，对齐桓公岂能不殚精竭力，肝脑涂地？魏征得遇明主，岂能不尽心尽职，为"贞观之治"贡献聪明才智？同样，楚庄王能顺利平定内乱，复取伯业，成为春秋"五霸"之首，与他的宽宏大量，善于笼络部属不无关系。

当然，对所谓的胸怀肚量，不同的人有不同的解释。但是，不论是谁，谁能做到襟怀豁达，待人宽厚，谁就能较容易地获得人和

之利，把各方面的人团结在一起。《水浒传》里的宋江，只不过是位文才武略平平的县衙小吏，然而在他周围却聚集了那么多奇才异士，干出了一番烈烈轰轰的事业，主要原因也是他的"君子之量"赢得了人心。

9. 宽厚有度量，赢得好人缘

度量，一般是指人的胸襟、气量。一个人的度量大小，对于他的事业成败至关重要。宽宏大度，才能虚怀若谷，坚定如一地朝着正确的目标前进，充分施展自己的才智。

俗话说："宰相肚里能撑船，将军额上能跑马。"这是对领导者的要求。在历史上，常常有鼠目寸光、喜怒无常之辈施用雕虫小技取得成功的例子，但他们毕竟如电光石火，转眼即逝。只有那些有度量有修养的人才能把握全局，冷静举措，走出一步步令人拍案叫绝的好棋，最后成就大业。

秦晋淝水大战之际，秦兵百万逼近晋国都城，朝野震惊，唯有谢安安之若素，面无惧色，他不慌不忙地布置兵力防御后，然后到帐里去和客人下棋。当击退敌兵的战报传来以后，谢安把它放在床上，面无喜色，下棋如故。等客人告辞之后，谢安高兴地返回内室，由于心情高兴，履齿碰在门槛上而被折断，后人称誉谢安有"庙堂之量"。

度量修养是理智的基础，是孕育谋略的沃土。那些豁达大度的人能够站得高，看得远，行动有理、有利、有节。战国时期的孙膑和庞涓就是鲜明对照。孙膑自幼酷爱兵书，深谙谋略。气量狭小的庞涓非常忌妒他，将他迫害成没有膝盖骨的残废人。孙膑心胸宽阔，不因遭受厄运而气馁，他佯装疯癫，逃脱险境，后来在齐国被重用。他在与庞涓的军事角逐中，大智若"怯"。而好大喜功的庞涓早已利令智昏，一步步走入孙膑布下的罗网，最终在马陵道上兵败身亡。孙膑的成功，除了靠他的兵法谋略以外，他心胸开阔，度量宏大，才能从容筹划，从长计议，以柔克刚。倘若是匹夫见辱、拔剑相斗的话，其结局会是另外一个样子。

有宏大的度量，才能高瞻远瞩，才能有稳定、积极、健康的情绪。一个人的情绪直接关系到他的能力发挥。成功会使人激动兴奋，也会使人产生麻痹和松懈情绪；失败会使人悲观沮丧，也会使人冷静反思。在成败面前，喜怒过度都是不可取的。人修身非常讲究"制怒"、"制乐"，做到胜不骄，败不馁。比如像周瑜气死、牛皋笑死之类的悲剧在历史上并不罕见，其发生的主要根源就是缺乏度量修养。

度量作为人的道德品质来讲也是非常重要的，正确、积极的谋略应该是与高尚的道德品质紧密联系的。谋略绝不是奸诈卑鄙的同义词。对于政治家来说，政策和策略就是生命，首要的是制定政策的正确性，正确的政策能够得到正义者的支持。对于经营者来讲，要提倡《论语》加算盘，讲经营道德，不做不符合社会公德的事，不赚没有道德的钱。对于军事家来说，像"美人计"那样的耍奸之计，一般情况下也是不提倡使用的。

一个人豁达大度，待人宽厚，谦虚谨慎，他就能团结更多的人，得到更多支持，这不就是最好的谋略吗？无德之人必定鼠目寸光，只贪私利，不顾大局，他们热衷于学习雕虫小技，是难成大事的。

第四章
世事洞明皆学问，能屈能伸得人心

人情练达即文章，世事洞明皆学问。在现实生活中，不是每个人都能参透其中的奥妙玄机。得意时的锋芒毕露，失意时的颓废落魄，都不是做人处世的高招。能屈能伸，静水流深方是做人的智慧，也是赢得人心的必备法则。

1. 不可意气用事，适当妥协有好处

意气用事并不是英勇的表现，而是蠢笨之人的处世方法，它只能让你逞一时之勇，发泄一时的郁闷，却不能为你带来一丝好处，相反，会让事态变得更加糟糕，忍一时之气，适时地妥协才是明智之举。

有些时候，不管是强者还是弱者都需要适当地妥协。强者虽然独有优势，但也怕消耗，当弱者以飞蛾扑火之势咬住其不放时，强者纵然得胜，势必也是惨胜！弱者似乎有更多妥协的理由，纵然妥协使其付出相当惨重的代价，但却换得了"存在"，"存在"是一切的根本。也许妥协会让其觉得不公平或者是冤枉，但用屈辱换得存在是值得的。留得青山在，不怕没柴烧。凭意气用事，不知妥协，必是死路一条。

汉代，河南太守吴廷尉听说当地有位书生贾谊，饱读诸子百家之书，才高八斗，因而非常重用他。每每遇到国家大事，吴廷尉就把贾谊请到府中，询问他的意见。吴廷尉在他的帮助下很快取得了显著的政绩。

文帝登上皇位后，吴廷尉向皇上推荐了贾谊。文帝立即把贾谊奉为博士，召到宫中。这一年贾谊只有20多岁，正值少年得志，意气风发，处处锋芒毕露。

每当文帝遇到棘手的问题召臣议事时，贾谊每次都能轻而易举地应付，皇上对此非常满意。相形之下，那些文武朝臣就有些捉襟见肘。虽然他们口头上对贾谊表示钦佩，自叹不如，但是心中隐隐不快。

文帝看到贾谊出类拔萃，风度翩翩，心中甚是喜欢，极力提拔他，贾谊一年不到就成为侍中大夫。他自认为天下大治，开始实行改革，就自作主张，草拟新的礼仪法规。他把黄色定为尊色，服装全部以黄色为上；他自行设定权位等级，设置官名及其职能。这样一来，由秦朝传承下来的朝廷纲纪被更改得面目全非。

大臣周勃、灌婴、东阳侯张相如和御史大夫冯敬平时就很反感贾谊，现在看他肆无忌惮地修改传统制度，便趁机总结贾谊的缺点，在文帝面前一一陈述："贾谊此人虽然有些才学，但是现在他目无他人修订法制，未免有篡权的嫌疑，皇上不可不防。更何况现在天下被他弄得一团糟，还请皇上明察。"

文帝细细回想贾谊的所作所为，也觉得他有些恃才放诞，于是开始疏远他，派他到长沙做长沙王的陪读老师。一年过后，皇帝召见他，贾谊满怀信心能够重新受到重用，可惜皇上和他"夜半虚前席"，"不问苍生问鬼神"。贾谊大失所望，又回到了长沙。

贾谊后来接二连三地遇到了倒霉事。文帝在所有孩子中，最喜欢小儿子梁怀王，并任命贾谊担任梁怀王的太傅，同时把淮南厉王等4人封为列侯。贾谊知道后，立即上书反对，认为这样做有可能出现叛乱，会危及皇上的地位。由于贾谊现在的身份本来就不适合参与政事，而且他三番五次地上书，观点尖锐，言辞激烈。向来信任他的文帝渐渐觉得他面目可憎，没有采纳他的意见。

不久，梁怀王学骑马时，不小心从马上摔下来，一命呜呼。身为老师的贾谊难逃干系，他悔恨自己没有照顾好太子，天天为此哭泣，陷入悲伤之中，不能自拔。

俗话说："行高于人，众必非之。"皇上因为这一连串的事情不再信任他，同僚也不喜欢他，贾谊成了众矢之的。

33岁那年，贾谊在寂寞和悲哀中死去。

苏东坡评论贾谊时说："夫谋之不见用，则安知终不复用也，不知默默以待其变，而自残至此，呜呼！贾生志大而量小，才有余而识不足也。"这真可谓一语道破其中玄机。贾谊不能忍受暂时挫折，不知暂时的"妥协"，意气用事，空有满腹经纶，终未有施展才华的机会。

"妥协"有时候会被认为是屈服、软弱的"投降"动作，其实"妥协"是非常务实、通权达变的丛林智慧，凡是人性丛林里的智者，都

懂得在恰当时机接受别人的妥协，或向别人提出妥协，毕竟人要生存，靠的是理性，而不是意气。

为人处世中的争斗有很多种解决方式，"妥协"是其中的一种。

"妥协"是双方或多方在某种条件下达成的共识，在解决问题上，它不是最好的办法，但在没有更好的方法出现之前，它却是最好的方法，因为它有不少的好处。

因为妥协可以避免时间、精力等"资源"的继续投入。在"胜利"不可得，而"资源"消耗殆尽时，"妥协"可以立即停止消耗，使自己有喘息、弥补的机会。也许你会认为，"强者"不需要妥协，因为他"资源"丰富，不怕消耗；理论上是这样子，问题是，当弱者以飞蛾扑火之势咬住你时，强者纵然得胜，也是损失不少的"惨胜"，所以强者在某些状况下也需要妥协。

因为妥协可以借良好的时机，来扭转对你不利的劣势。对方提出妥协，表示他有力不从心之处，他也需要喘息，说不定他根本要放弃这场"战争"；如果是你提出，而他也愿意接受，并且同意你所提的条件，表示他也无心或无力继续这场"战争"，否则他是不大可能放弃胜利的果实的。因此，"妥协"可创造"和平"的时间和空间，而你便可以利用这段时间来引导"敌我"态势的转变。

因为妥协可以维持自己最起码的"存在"。妥协常有附带条件，如果你是弱者，并且主动提出妥协，那么可能要付出相当的代价，但却换得了"存在"；"存在"是一切的根本，因为没有"存在"就没有明天，没有未来。"留得青山在，不怕没柴烧"说的就是这个道理。也许这种附带条件的妥协对你不公平，让你感到屈辱，但用屈辱换得存在，换得希望，相信也是值得的。

不过，"妥协"要看状况，要看你的大目标何在，也就是说，你不必把资源浪费在无益的争斗上，能妥协就妥协，不能妥协，放弃战斗也无不可。但若你争的本就是大目标，那么绝不可轻易妥协。

总之，"妥协"可改变现况，转危为安，是战术，是战略，也是得人心的好方法。

2. 藏巧守拙，用晦如明

有些人看似愚钝鲁拙，实际上却眼明心亮，而有些人表面上精明灵透，骨子里却糊涂透顶。只有藏巧守拙，用晦如明，做到不炫耀，不刻意显才华，才可谓真正具有才德的人。

韩信是汉朝的第一功臣，在汉中献计出兵陈仓，平定三秦，率军破魏，俘获魏王，破赵，斩成安君，捉住赵王歇，收降燕，扫荡齐，力挫楚军。连最后垓下消灭项羽，也主要靠他率军前来合围。司马迁说，汉朝的天下，三分之二是韩信打下来的。但是他功高盖主，又不能谦逊自让，加上他犯了大忌，看到曾经是他部下的曹参、灌婴、张苍、傅宽都分土列侯，与自己平起平坐，心中难免矜功不平。樊哙是一员猛将，又是刘邦的连襟，每次韩信访问他，他都是"拜迎送"，但韩信一出门，总要说："我今天倒与这样的人为伍！"自傲如此，全然没有当年甘受胯下之辱的情形。这样，终于一步步走上了绝路。

"装傻"，看似愚笨，实则精明。人立身处世，不矜功自夸，可以很好地保护自己。即所谓"藏巧守拙，用晦如明"。

人人都会想表现精明，装傻似乎是很难的。这需要有傻的胸怀风度，既能够愚，又愚得起。《菜根谭》说："鹰立如睡，虎行似病。"也就是说，老鹰站在那里像睡着了，老虎走路时像有病的模样，这就是它们准备捕捉猎物之前的手段，所以一个真正具有才德的人要做到不炫耀，不刻意显才华，这样才能很好地保护自己。

胡适先生晚年曾说："凡是有大成就的人，都是有绝顶聪明而肯

作笨功夫的人。"1805 年，拿破仑乘胜追击俄军到了关键的决战时刻。此时，沙皇亚历山大见自己的增援部队到来，便不想撤退而与法军决战。库图佐夫劝他继续撤退，等待普鲁士军队参加反法战争。此时拿破仑知道了俄军内部的意见分歧，害怕库图佐夫一旦说服沙皇，就会失去战机，于是装出一见俄军增援到来就害怕的样子，停止追击，派人求和，愿意接受一部分屈辱条件。这更加刺激了沙皇，以为拿破仑如果不是走投无路，这样傲慢的人绝不会主动求和，因此断定现在正是回师大败拿破仑的时机，于是不听库图佐夫的意见，向法军展开进攻，结果落进了法军圈套，被法军打得狼狈不堪。

所以精而不露，才有任重道远的力量。这就是所谓"藏巧守拙，用晦如明"。

3. "吃亏是福"有道理

很多人见到好处就捞，遇到便宜就占，即使是蝇头小利，见之亦心跳眼红手痒，志在必得。世界上没有白占的便宜，每占一份便宜，往往会使你失一分人格，每捞一份好处，往往会使你失掉一分尊严。同样，世上也没有白吃的亏。"吃亏是福"是一种自律和大度，是一种人格上的升华，吃亏之后，势必赢得理解和尊重。

"祸兮福之所伏"，吃些亏可以累积你的经验，提高你的做事能力，同时扩张你的人际网络。

小杨是一家出版社的编辑。他的文笔很好，但更可贵的是他的工作态度。那时出版社正在进行一套图书的编辑，每个人都很忙碌，但老板并没有增加人手的打算，于是编辑部的人也被派到发行部、业务部帮忙，但整个编辑部只有小杨接受了老板的指派，其他的都是去一两次就抗议了。

小杨说："吃亏就是占便宜吗！"

事实上也看不出他有什么便宜好占，因为他要帮忙包书、送书，像个包装工一般！

他真是个可随意指挥的员工，后来他又去业务部，参与直销的工作，此外，连取稿、跑印刷厂、邮寄……只要开口要求，他都乐意帮忙！

"反正吃亏就是占便宜吗！"他这么说。

两年过后，小杨自己成立了一家文化公司，做得还真不错。

原来他是在"吃亏"的时候，把出版社的编辑、发行、直销等工作都摸透了，他真的是占"便宜"了！

现在他仍然抱着这种态度做事，对作者，他用"吃亏"来换取作者的信任；对员工，他用"吃亏"来换取他们的向心力；对印刷厂，他用"吃亏"来换取信誉。

"吃亏"有两种，一种是主动的吃亏，一种是被动的吃亏。

"主动的吃亏"指的是主动去争取"吃亏"的机会，这种机会是指没有人愿意做的事、困难的事、薪酬少的事，这种事因为无便宜可占，大部分的人不是拒绝就是不情愿去做，你主动争取，老板当然对你感激有加，一份人情绝对会记在心上，日后无论是升迁或是自行创业，他都有可能帮助你，这是对人际关系的一种变相投资。最重要的是，你什么事都尝试去做，可以磨炼你的做事能力和耐力，不但懂得的比别人多，也进步得比别人快，这是你的无形资产，绝不是用钱可以买得到的。

"被动的吃亏"是指在未被告知的情形下，突然被分派了一个你并不十分愿意做的工作，或是工作量突然增加，碰到这种情形，除非健康因素或家庭因素，否则就应接下来；如果冷眼旁观周围环境，根本没有你抗拒的余地，那就更应该愉快地接下来，也许你不太情愿，但形势比人强，也只好用"吃亏就是占便宜"来自我宽慰，要不然怎么办呢？至于有没有"便宜"可占，那是很难说的，因为那些"亏"有可能是对你的锻炼，考验你的心志和能力，是为了重用你啊！姑且不论是否"重用"你，在"吃亏"的状态下，磨炼了你的耐性，这对你日后做事绝对是有帮助的，此外，你的"吃亏"也会让人对你无话可说，不得不对你友好相待。

做事可以是"吃亏就是占便宜"，做人呢？做人比做事难，但如果也有"吃亏就是占便宜"的心态，那么做人其实也并不难，因为一些人喜欢占人便宜，你吃一点亏，让人占一点便宜，那么你就不会得罪人，人人当你是好朋友！今天占你一点便宜，心里多少也会过意不去，只好在恰当时候回报你啦，这就是你"吃亏"之后所占到的"便宜"！

"吃亏就是占便宜"，这一点年轻人一定要牢记，因为这是累积

工作经验，提高做事能力，扩张人际网络最好的方法，如果样样都想占便宜，那就不要怕吃亏！

美国亨利食品加工工业公司总经理亨利·霍金士先生突然从化验室的报告单上发现，他们生产的食品配方中，起保险作用的添加剂有毒，虽然毒性不大，但长期服用对身体有害。如果不用添加剂，则又会影响食品的鲜度。

亨利·霍金士考虑了一下，他认为应以诚对待顾客，毅然把这一有损销量的事情告诉了每位顾客，于是他当即向社会宣布，防腐剂有毒，对身体有害。

这一下，霍金士面对了很大的压力，食品销路锐减不说，所有从事食品加工的老板都联合起来，用一切手段向他反扑，指责他别有用心，打击别人，抬高自己，他们一起抵制亨利公司的产品，亨利公司一下子跌到了濒临倒闭的边缘。

苦苦挣扎了4年之后，亨利·霍金士已经倾家荡产，但他的名声却家喻户晓。这时候，政府站出来支持霍金士了。亨利公司的产品又成了人们放心满意的热门货。

亨利公司在很短时间里便恢复了元气，规模扩大了两倍。亨利·霍金士一举登上了美国食品加工业的头把交椅。

生活中总是有一些聪明的人，能从吃亏当中学到智慧，"吃亏是福"也是一种哲学的思路，其前提有两个，一个是"知足"，另一个就是"安分"。"知足"则会对一切都感到满意，对所得到的一切，内心充满感激之情；"安分"则使人从来不奢望那些根本就是不可能得到的或者根本就不存在的东西。没有妄想，也就不会有邪念。所以，表面上看来"吃亏是福"以及"知足"、"安分"会给人以不思进取之感，但是，这些思想也是在教导人们能对自己有清醒的认识。对于今天的现实生活，成功需要有勇气面对一切，而有勇有谋、忍让、懂得吃些亏都是勇气的表现。

4.不要过分张扬个性

个性是个人之本，人有个性才有魅力。个性表现得越充分，个人魅力越大。个性的形成，既有先天的因素，也有后天的因素。但是，不恰当地张扬个性，对人并非有益。

保持个性无可厚非，但过分地张扬个性，无疑将自己暴露在众目睽睽之下，赤裸裸毫无遮掩。别人都站着的时候，你不要一个人坐着，虽然这缺少了很多性情乐事或潇洒，但总不至于将自己置于危险之境。

试想，我行我素，飞扬跋扈，人家怎么会痛快呢？对你的亲人、朋友或那些较宽容的人来说，也许他们还能接受你的这种个性和行为，但是对社会大众来说，你无疑犯众了。

在人群中过分张扬个性，我行我素，我讲我话，率性而为，极力标榜自己的个性，欲与他人不同，而且似乎生怕别人不知道他们那些很个性化的东西。这样，他们便把自己张扬成了诸如嬉皮士、卡通一代这样的人物，个人很过瘾，有时还能成为文化和艺术，不亦美哉！不过，并非全都如此得意，因个性十足而吃亏上当，遭人宰杀的比比皆是。三国时的才子祢衡就是一例。

祢衡年少才高，目空一切。二十多岁时便跻身在名士权贵之中。而且祢衡很瞧不起那些人，把他们视为酒囊饭袋，行尸走肉。祢衡眼里，举世无才。汉献帝初年，孔融上书荐举祢衡，大将军曹操欲召见他。祢衡不知道天高地厚，出言不逊。曹操心中不快，最后给他封了个击鼓小吏，以羞辱他。祢衡也因此更忌恨曹操。一次曹操大宴宾客

时，命祢衡穿鼓吏衣帽击鼓助乐，祢衡竟然当众裸身击鼓，以羞辱曹操，扫他们的兴。曹操对之深以为恨，但曹操聪明，不愿亲手杀祢衡而坏了自己礼贤下士的名声。他把祢衡送给荆州牧刘表。不久，祢衡又因倨傲无礼而得罪了刘表。刘表也聪明，不杀祢衡，把他打发到江夏太守黄祖那里去。祢衡在黄祖那里，仍是率性如前。一次，祢衡竟当众顶撞黄祖，骂他："死老头，你少啰唆！"黄祖气极，一怒之下把他杀了。祢衡死时只有 26 岁。祢衡的杀身之祸，全因他的才气和性情所致。

人有才情，本是天赐良物，正好周济人生。祢衡却相反，恃才傲物，因情害事，不知天下大于人才，权柄重于才情。最终冒犯权贵，以身涉险，终被人杀。这是极其个性、才情而不得善终的一个典型事例。从祢衡只知个人使性，不知考虑他人来看，祢衡的所谓才智是十分有限的。才智，除自身的审美和创造外，也包括对他人和环境的审视、知晓和防范，以至利用，而不是糊里糊涂地，以一己之小搏世界之大，最终横遭不测。

做人赢在获得人心
zuo ren ying zai huo de ren xin

5.该"违心"时就要"违心"

我们通常把"违心"说话、"违心"做事，看成是一种世故、一种懦弱、一种人格破损和刁钻处世。其实，这是很不公正的。许多时候，它可以是智慧，也可以是一种善良。

其实，每个人很难做到只做自己喜欢的事，过自己想要的生活。越难得到的东西，人们越会加倍珍惜。所以它理所当然地成了我们的理想。然而很多时候，为了实现目标，我们不得不放弃自己的意愿；为了避免更大损失，我们都有过委曲求全；为了争取人心，甚至我们有过"这样想却那样做"的经历。违心，使人感觉不好受，但也有融合群体的亲和力。如果将违心做到情分上，又符合良心，才是我们现代人必悟的玄机。

如果说世界是一个矛盾复合体，那么处于这个复合体中的人，必然会领受许多外部世界与内部世界、物质客体与精神自我的不协调和不统一。矛盾的错综决定了人们在解决它时出现大量"二律背反"（指规律中的矛盾，在相互联系的两种力量运动规律之间存在的相互排斥现象，自然界存在的两种运动力量呈此消彼长、此长彼消、相背相反的作用）。为了外部世界的那些需求，不得不作出一些牺牲自我的抉择，于是，产生了说"违心"话和做"违心"事的行为。

许多时候，我们在做着自己并不想做的事，说着自己并不想说的话，甚至还很认真。因为慑于压力、屈于礼仪、拘于制度、限于条件，我们进了不想进的门，陪了不想陪的客，笑了不想笑的人或事……

人都想自由自在，都想随心所欲，但是，世界从来不是看你的眼色行事的，倒是相反，我们每个人都在被动地做一些自己不想做的事。因为，我们不仅有自身还有环境，不仅有现在还有未来，不仅追求实现自我还在追求安全、友爱和形象。奉献出自己的一部分心愿换取平静、换取尊严、换取良好的环境还是十分必要的，尽管你对这种自我背弃并不很乐意。

有一对情侣，一个脆弱，一个诚实。忽然有一天诚实的一个得知脆弱的一个患了绝症，如果直言相告必然加速脆弱者的死亡。于是，他平生第一次编出一段绝症可治、治愈不难的谎言，这可是一个最不愿说谎的人对一个最需要诚实的人说的谎啊，那滋味不是可想而知吗？顺应对一个麻木的人倒也无所谓，可对于一个清醒的人，那是怎样一种痛苦啊！所以，"违心"在多数情况下无异于折磨和受刑。

就是我们自身，出于片面和执迷，也并不是处处都在为自己着想，给自己设路障、捅娄子的事也常有，违着自己的心愿接受一下旁观者的点拨和训导，也可能有另一番风光。

有位年轻人小时候很不想读书，迫于父母的强制和周围的压力，才不得不违心于书本之中。后来，18 岁考上计算机专业，毕业后，他分进一家化轻公司工作。当时公司急缺财会人员，经理要他改行为单位解难，他很爱自己的专业，出于无奈，服从了需要。谁知后来他在会计与电脑的交叉点上又开发出了会计电算化软件，不仅专业未丢，还成了单位的技术骨干和后备干部。可见，违心也有利己的时候，至少利于纠正主观偏见、克服个人膨胀、和谐全局。

这个世界上，我们不仅要自己快乐，同时也要身边的人快乐，世界如果因为你的服从和委屈而有了风光，也不会少了你的那一份。当然，这风光也不会无限。如果你处处由别人支配，事事处于无自我状态，把自己规范成一钵盆景，只要别人喜欢，别人满意，自己扭曲成怎么奇怎么怪都可以，那还谈得上什么风光不风光呢？

我们生活在社会中，社会的环境、制度、礼仪、习俗无不作用并制约着你。我国台湾地区作家罗兰早有所告："我们几乎很难找到一个人能够成天只做自己喜欢做的事，过自己所想过的生活。"随着社

会文明的深化，人际间的纵向联络只会日趋淡漠，但横向间的联系会加强。如果你在交际中没有妥协、忍让和迁就的准备，那只能处于四面楚歌之中，纵使有三头六臂，也将牵制得你疲惫不堪而无法前进。所以，虽然妥协、迁就都有"不得不"的那种心态，但仍不失为人际间的"润滑剂"。

几乎每个人都对自己的能力、智力和贡献作出偏高的估计，为了保护这种偏高带来的进取心和期望值，我们，特别是领导都应当多看他人的优点少说他人的缺憾。当然，这一多一少，可能会偏离了真实。但是，这确实是促成并发展企业凝聚力和激发员工工作热情的成功经验。只要优点是存在的，都应挖掘；只要缺憾无损大体或可通过暗示而改正，都应避讳。其实，为了群体和未来，我们都有过献身和忍受。为了增强实现目标的合作，我们都不应以自己为中心；为了避开更大损失都有过委曲求全；为了争取人心我们甚至都有过"这样想却去那样做"的经历。为了融洽和顺利，"违心"应当允许。

当然，这都不包括虚其表面，用以心计(除非对付敌人)的那种违心，因为，那是超出道德规范、蓄谋策划的行为。

"违心"，有自我压抑，也有融合群体的亲和力，可以是软弱者的自保，也可以是奸诈人的烟幕。它像一杯白开水，可以放糖浆，可以放柠檬、放橘汁，也可以放毒药！

如何让"违心"违在情分上，又符合天理良心，正是现代人必须悟出的做人玄机。

第四章 世事洞明皆学问，能屈能伸得人心

6. 做好人也要讲原则

要想获得好人这个美名，当然要付出代价。当代价超过心理承受底限时，多少会令人难以割舍，所以好人难当。做好人毫无过错，值得提倡，但要讲原则。

在人际交往中，我们每个人都喜欢好人，欢迎好人，期望遇到好人，也想让自己成为好人。因为好人不具侵略性，不会伤害别人，甚至有时还会为了别人的利益而让自己作出很大的牺牲！这种好人岂止用一个"好"字形容，简直可以说是一种伟大的人。

但在现实生活中，我们经常听到有人说：好事难为，好人难当。

做好人是值得称道的，但是有一点我们要引以为戒：不可滥充好人！

所谓滥充好人，至少有以下特点：没有原则、没有主见、不能坚持原则，这种人不知是性格因素，还是有意以好人的姿态去讨别人欢喜，反正是对他人有求必应，也不管自己该不该去做；因为缺乏原则与坚持，导致是非难分，当事情不能妥善解决的时候，便以牺牲自己来成全大家；他有时也想"坏"一点，可是还不到"坏"的程度他就开始自责，检讨自己……

这种滥充的好人就像我们平时所说的"好好先生"一样，其得到的效果和真正的好人是不同的。好人是有原则的，所以当他人赞颂好人时，往往带着几分敬畏。但滥充的好人则不然，他在人际关系中，往往得到的是"不能担此大任"的评语。

做人赢在获得人心
zuo ren ying zai huo de ren xin

照此看来，滥充好人实在不宜，那么怎样才能判断自己是个真正的好人，还是在滥充好人呢？那些滥充好人者应该怎么办？

前面说过，一个人的性格决定了自己的行为，因此，滥充好人者可以从以下心理方面试着改变自己：

（1）了解自己滥充好人的苦果；

（2）了解拒绝和坚持并不一定会得罪别人，而且还能保护自己；

（3）学会拒绝和坚持；

（4）如果自己跳不出性格的限制，可请旁人不时暗示你、鼓励你，以强化你不滥充好人的动机和决心。

既然如此，当你下次面临他人的求助时，当你又一次施舍自己的仁善友爱时，请考虑一下，你是否真正有能力做一个好人？

第四章
世事洞明皆学问，能屈能伸得人心

89

7. 才华显露要适可而止

凡是鲜花盛开娇艳时，不是立即被人摘去，就是衰败的开始。人生也是这样。当你春风得意时，切不可趾高气扬，不可一世。不要忘了，尾巴翘得越高，离危险就越近。得意时莫忘形，顺利时低调做人，逆境时挺起胸膛做人。

过于聪明的人总想让自己才华尽露，殊不知，每个人都会遇到一展才华的机会，要善加利用。而有些才华横溢的人会把微小的才干也显露出来，使它成为自己身上的发光点，而他们的卓越才能显示出来时足以令人震惊。当你既有才华又知展示之道时，结果一定惊人。

我们也不应矫揉造作，因为炫耀易流于自大，自大则不免招致轻视。展示也应以谦虚的态度流露，以免流于粗俗。露才过甚，为智者所不屑，应该是无言胜有言，以漫不经心的态度去处理它。巧妙地掩饰是赢得赞扬的最好途径，因为人们对不了解的东西抱有好奇心。不要一下子展露你所有的本领，慢慢来，逐次增多。赢得一次辉煌的成功后再进行下一次，获得热烈的掌声后再期待更大的成功。

作为一个人，尤其是作为一个有才华的人，不仅要说服、战胜盲目骄傲自大的病态心理，凡事不要太张狂太咄咄逼人，更要养成谦虚礼让的美德。所谓"花要半开，酒要半醉"，凡是鲜花盛开娇艳的时候，不是立即被人采摘而去，就是衰败的开始。人生也是这样。当你志得意满时，如果趾高气扬、目空一切、不可一世，这样你不被别人当靶子打才怪呢！所以，无论你有怎样出众的才智，也一定要谨记：不要

把自己看得太了不起，不要把自己看得太重要，不要把自己看成是救国济民的圣人君子似的，还是收敛起你的锋芒，掩饰起你的才华吧！

郑庄公准备伐许。战前，他先在国都组织比赛，挑选先行官。众将一听露脸立功的机会来了，都跃跃欲试，准备一显身手。

第一个项目击剑格斗。众将都使出浑身解数，只见短剑飞舞，盾牌晃动，斗来冲去。经过轮番比试，选出了6个人，参加下一轮比赛。

第二个项目是比箭，取胜的6名将领各射3箭，以射中靶心者为胜。前4位有的射中靶边，有的射中靶心。第5位上来射箭的是公孙子都。他武艺高强，年轻气盛，向来不把别人放在眼里。只见他拈弓上箭，3箭连中靶心。他昂着头，瞟了最后那位射手一眼，退下去了。

最后那位射手是个老人，胡子有点花白，他叫颍考叔，曾劝庄公与母亲和解，庄公很看重他。颍考叔上前，不慌不忙，"嗖嗖嗖"3箭射出，也连中靶心，与公孙子都射了个平手。

只剩下两个人了，庄公派人拉出一辆战车来，说："你们二人站在百步开外，同时来抢这部战车。谁抢到手，谁就是先行官。"公孙子都轻蔑地看了一眼对手。哪知跑了一半时，公孙子都却脚下一滑，跌了个跟头。等爬起来时，颍考叔已抢车在手。公孙子都哪里服气，拔腿就来夺车。颍考叔一看，拉起车来飞步跑去，庄公忙派人阻止，宣布颍考叔为先行官。公孙子都怀恨在心。

颍考叔果然不负庄公之望，在进攻许国都城时，手举大旗率先从云梯上冲上许都城头。眼见颍考叔大功告成，公孙子都忌妒得心里发痒，竟抽出箭来，搭弓瞄准城头上的颍考叔射去，一下子把颍考叔射了个"透心凉"，从城头栽下来。另一位大将瑕叔盈以为颍考叔被许兵射中阵亡了，忙拿起战旗，又指挥士卒攻城，终于拿下了许都。

才华出众的人往往得不到善终，纵观历史舞台，这样的例子数不胜数。这些人的遭遇让人痛心，但也令人深思。打江山时，各路英雄会聚一个麾下，锋芒毕露，一个比一个有能耐。主子当然需要借这些人的才能实现自己独霸天下的野心。但天下已定，这些虎将功臣的才华不会随之消失，这时他们的才能成了皇帝的心病，让他感到威胁，所以屡屡有开国初期滥杀功臣之事，所谓"卸磨杀驴"是也。韩信被

杀，明太祖火烧庆功楼，无不如此。大家读过《三国演义》后可能注意到，刘备死后，诸葛亮好像没有大的作为了，不像刘备在世时那样运筹帷幄，满腹经纶，锋芒毕露了。在刘备这样的明君手下，诸葛亮是不用担心受猜忌的，并且刘备也离不开他，因此他可以尽力发挥自己的才华，辅助刘备，打下一片江山，三分天下而有其一。刘备死后，阿斗即位。刘备去世前当着群臣的面说："如果这小子可以辅助，就好好扶助他；如果他不是当君主的材料，你就自立为君算了。"诸葛亮顿时冒了虚汗，手足无措，哭着跪拜于地说："臣怎么能不竭尽全力，尽忠贞之节，一直到死而不松懈呢？"说完，连忙叩头直至流血。刘备再仁义，也不至于把国家让给诸葛亮，他说让诸葛亮为君，怎么知道没有杀他的心思呢？因此，诸葛亮一方面行事谨慎，鞠躬尽瘁，一方面则常年征战在外，以防授人"挟制"的把柄。而且他锋芒大有收敛，故意显示自己老而无用，以免祸及自身。这是韬晦之计，收敛锋芒是诸葛亮的大聪明。

你不露锋芒，可能永远得不到重用；你锋芒太露却又易招人陷害。虽容易取得暂时成功，却为自己掘好了坟墓。当你施展自己的才华时，也就埋下了危机的种子。所以才华显露要适可而止。

8. "年轻气盛"要不得

为人处世，就要通权达变，因时进退，而不能固执迁腐，盲目进取。

能忍辱负重的人，方可受天之大任，成天之大业。忍耐能带来不可估量的内心平静，而内心平静是智慧的源头，也是人的福祉。

《三国演义》中有一段刘备与曹操"青梅煮酒论英雄"的故事，这是刘备善于低头而最后成就大业的突出例证。

当时刘备被吕布击败，不得已投奔曹操。曹操"挟天子以令诸侯"，掌握朝廷的生杀大权，汉献帝实际上是傀儡。于是，刘备常在自己住处的后园中种菜，以示"胸无大志"，甚至将他的结义兄弟关羽和张飞都瞒住了，关、张二人曾说："大哥不留心天下大事，而做这些琐事，为什么？"

其实刘备是很识时务的，所以制造假象来提防曹操看破而加以谋害。在曹操面前，刘备竭力装出无所事事的样子，每天在菜园中浇水种菜，锄地松土。因为刘备知道曹操是不能容忍能与他竞争的英雄存在，只有表现出胸无大志的样子，才会不引起曹操的注意，以便积蓄力量，成就大业。

曹操何等精明？他想刘备这样志向远大的英雄突然种起菜来了，一定有什么原因。于是派许褚、张辽引数十人入园中将刘备请至丞相府，"盘置青梅，一樽煮酒，二人对坐，开怀畅饮"，演出一段脍炙人口的历史戏剧。

当时，曹操几乎明知故问，要刘备承认自己本怀英雄之志。刘备则故意拉扯旁人，先抬出最让人看不起的袁术，曹操斥之为冢中枯骨，刘备又举出袁绍、刘表、孙策、刘璋等人，唯独不提参加了董承为首的讨曹联盟的马腾和他自己。

曹操自然不满意，干脆直言相告："今天下英雄，唯使君与曹耳！"刘备所担心的是讨曹联盟之事暴露，听到曹操称自己为"英雄"，以为事情已经暴露，手中匙勺也掉在地上。为避免曹操进一步怀疑自己，只好推说是害怕雷声所致。

果然不出所料，曹操想，这样一个连雷声都害怕的人，也许根本不是什么"英雄"，反而将戒备的疑心放下。为后来刘备借讨伐袁术为名领兵出发，"撞破铁笼逃虎豹，顿开金锁走蛟龙"，奠定了成大事的基础。

能成大事的人往往懂得见时机而行事，在自己力量尚无法达到自己追求的目标时，为防止别人干扰、阻挠、破坏自己的行动计划，故意制造假象，虽然在表面上有许多退却忍让，却更显示出人的韧性与忍辱负重的内在力量。由于极大的隐蔽性而具有极强的实效性，它往往攻其不备而出奇制胜，取得事半功倍的结果。

要使自己立于不败之地，就要适应外界的变化，灵活地掩藏自己，观察时机，关键时刻再出手以赢得胜利。静水深流，藏锋敛利，含而不露乃是处世避祸的妙诀。

成大事的人都善于将自己的行动建立在切实可行的客观条件基础上，当条件不具备、时机不成熟的时候，就耐心等待机运的到来。忍耐既是处世的一种本领，也是处世的一种修炼。古今中外，大凡成大事的人，都善于忍耐，在忍耐中生长壮大，在忍耐中寻求机会。

没有积聚足够强大的势力，就不要贸然行事，要知道水不够深大船就不能行。我们应该有意识地去培养这种隐忍处世的意志力。为了获得健美的体格，我们要不停地进行体能训练；同样，为了获得并拥有更加成功的人生，我们必须做到坚忍。

时机不成熟，不可强出头。"强"在这里有两个意思。第一个意思是"勉强"，自己的能力还不够就勉强去做某些事。固然勉强去做也有可能获得意外的成功，但这种可能性不高，通常的结果是：做失

败了，折损了自己的壮志，也惹来一些嘲笑。人的失败是"能力不足"、"自不量力"。第二个意思是"强力"，自己虽然有足够的能力，可是客观环境却还未成熟时去做事也不好。大环境的条件如果不合，以本身的能力强力而行，会多花很多力气；周围人对你支持的程度不够，想强力做事，必会遭到别人的打压排挤，也会伤害到别人。

所以，当客观环境对你不利，当你处于弱势时，就很难有施展自己的空间，仿佛困兽一般。在这种情形下你必须忍耐。有些人碰到这种情形，常常任凭自己的性情，顺着自己的情绪行事，如被人羞辱了，干脆就和他们干一架；被老板骂了，干脆就拍他桌子，丢他东西，然后自动走人！不敢说这么做就会毁了自己的一生，因为世事难料，有时甚至会"因祸得福"、"弄巧成拙"！但没有韧性，绝对会给你的事业造成负面的影响。

9. 聪明做人不要锋芒太露

> 聪明是一笔财富，关键在于怎么使用。一味地耍小聪明，不管必要或不必要，不管合适或不合适，时时处处显露精明，不仅不会帮助你取得成功，还会成为招灾引祸的根源。

有大智若愚，同样也有大愚若智，区别在于是否有自知之明。

《老子》中云："不自见，故明；不自是，故彰；不自伐，故有功；不自矜，故长。"这段话的意思是：一个人不自我表现，反而显得与众不同；不自以为是，反而会超出众人；不自夸成功，反而会进步。又云："企者不立，跨者不行；自见者不明，自是者不彰，自伐者无功，自夸者无长。"这就是说：那些盲目自傲，不宽容，耍小聪明，固执己见，自以为是，好大喜功的人在任何一方面都是很难成功的。

在为人处世中，"小聪明，大糊涂"是万万要不得的。而杨修恰恰是犯了这个错误才做了曹操的刀下之鬼。

据史书记载，杨修是曹操门下掌库的主簿。这个人生得单眉细眼，貌白神清，博学能言，智识过人。但他自恃其才，竟然小觑天下之士。

刘备攻打汉中，惊动了许昌，曹操也率领 40 万大军迎战。曹刘两军在汉水一带对峙。曹操屯兵日久，进退两难，适逢厨师端来鸡汤。见碗底有鸡肋，有感于怀，正沉吟间，有将入帐禀请夜间号令。曹操随口说："鸡肋！鸡肋！"人们便把这作为号令传了出去。行军主簿杨修即叫随行军士收拾行装，准备归程。众将大惊，请杨修至帐中细问。杨修解释说："鸡肋者，食之无肉，弃之有味。今进不能胜，退恐人

做人赢在获得人心
zuo ren ying zai huo de ren xin

笑，在此无益，来日魏王必班师矣。"大家信服，营中诸将纷纷打点行李。曹操知道后，怒斥杨修造谣惑众，扰乱军心，便把杨修斩了。

后人有诗叹杨修，其中有两句是："身死因才误，非关欲退兵。"这是很切中杨修做人的要害了。

原来杨修为人恃才放旷，数犯曹操之忌。曹操兵出潼关，到蓝田访蔡邕之女蔡琰。蔡琰字文姬，原是卫仲道之妻，后被匈奴掳去，于北地生二子，创作《胡笳十八拍》，流传入中原。曹操深怜之，派人去赎蔡琰。匈奴王惧曹操势力，送蔡文姬还汉朝。曹操一日去访蔡文姬，看见屋里悬一碑文图轴，内有"黄绢幼妇，外孙齑臼"8个字。曹操问众谋士谁能解此8字，众人都不能答。只有杨修说能解其意。曹操叫杨修先勿说破，让他再思解。告辞后，曹操上马行三里，方才省悟。原来此含隐语"绝妙好辞"4字。曹操也是绝顶聪明的人，却要行三里才思考出来，可见机智敏捷远不及杨修。

曹操曾造花园一所。造成后曹操去观看时，不置褒贬，只取笔在门上写一"活"字。杨修说："门内添活字，乃阔字也。丞相嫌园门太阔了。"于是翻修。曹操再看后很高兴，但当知是杨修析其义后，内心已忌恨杨修了。又有一日，塞北送来酥饼一盒，曹操写"一合酥"三字于盒上，放在台上。杨修入内看见，竟取来与众人分食。曹操问为何这样，杨修答说，你明明写"一人一口酥"嘛，我们岂敢违背你的命令？曹操虽然笑了，内心却十分厌恶。曹操怕人暗杀他，常吩咐手下的人说，他好做杀人的梦，凡他睡着时不要靠近他。一日他睡午觉，把被子蹬落地上，有一近侍慌忙拾起给他盖上。曹操跃起来拔剑杀了近侍。大家告诉他实情，他痛哭一场，命厚葬之。因此，众人都以为曹操梦中杀人，只有杨修知曹操的心，于是便一语道破玄机。凡此种种，皆是杨修的聪明犯了曹操的忌讳：杨修之死，植根于他的聪明才智。

杨修终于结束了他聪明的一生。他的聪明，大智者看来，其实只是小聪明大愚蠢。大智者能心里明白而不随便表露出来，绝不表现得比别人聪明。如果杨修知道他的聪明会给他带来灾祸，他还会耍小聪明吗？所以他的愚蠢之处就是不知道耍小聪明一定会带来灾祸。这样的人算聪明吗？显然不算。多少年中，他被提拔得很慢，显然是曹操不喜欢他的缘故，这他没有意识到。曹操对他的厌恶、疑心越来越深，他也没有意识到，这就是说，该聪明时他反倒糊涂起来了。如果他迎合曹操，不表现他的小聪明，那么他很可能会成功的。人们也许会说，杨修的死，关键在于曹操的聪明和多疑，但是，换了谁，作为上级也不大愿意让部下全部知道他的心思、他的用意。显然，杨修最终非失败不可，这可算是"聪明反被聪明误"的典型。罗贯中说他"身死因才误，非关欲退兵"，也只是说对了一半。他的才太外露了，从谋略来看，尚不是真才，不是大才，至少他不知道韬光养晦，不知道大智若愚，不知道保护自己。那么，除了灾祸降临，他还会有什么结果呢？曹操是何等聪明之人，在他跟前，笨蛋当然不会受到重用，才能太露也有"功高盖主"之嫌，所以，真正聪明的人会掌握"度"。"过犹不及"，就是说，太聪明了反倒不如不聪明，实在是至理名言！

　　明代大政治家吕坤以他自己丰富的阅历和对历史人生的深刻洞察，提出了"古今得祸，精明人十居其九"的结论。他在《呻吟语》中说了一段十分精辟的话："精明也要十分，只须藏在浑厚里作用。古今得祸，精明人十居其九，未有浑厚而得祸者。今之人唯恐精明不至，乃所以为愚也。"

　　译成今天的话就是：精明还是非常需要的，但要在浑厚中悄悄地运用。古往今来得祸的人绝大多数都是精明的人，没有因浑厚而得祸的。现在的人唯恐不能精明到极点，这就是之所以愚蠢的原因啊！

10. 能屈能伸者笑到最后

> 胜负兵家不所期，包羞忍辱是男儿。当你处于形势不利时，还要善于忍受目前不利的环境，忍辱负重、能屈能伸才能摆脱困境，争取斗争的胜利。

孙权在荆襄之战后，为了摆脱被动，采取灵活机动的战术，敢于忍辱负重，就是其中的典型。

自从关羽遇害以后，东吴的孙权就预感到有一场即将来临的军事危机。特别是他的移祸之计被曹操挫败之后，确实存在着被蜀、魏两面夹击的危险。如果东吴当时只是单纯对付前来报仇雪恨的刘备，还并不是力不能及。然而，刚刚称帝的曹丕倘若同时来袭，东吴就难以招架。

在这种不利的形势下，孙权的头脑十分清醒。他为了摆脱被动，勇于忍辱负重，在政治上和外交上采取了一系列灵活的手段，斗争策略运用得极为成功。

首先，孙权为了力争避免和刘备发生军事冲突，不惜屈尊下就，向刘备"上表求和"，并作出了一些重大的让步：(1) 将孙夫人送回成都；(2) 缚还糜芳、傅士仁等降将；(3) 将荆州"仍旧交还西蜀"；(4) 与刘备"永结盟好，共灭曹丕，以正篡逆之罪"。孙权的这些让步，就是要回到以前的策略上来，使吴、蜀重修旧好，孤立曹魏。从长远的利益来看，这样做对吴、蜀两家都有好处。

其次，当他的让步遭到刘备拒绝之后，他看到吴、蜀交兵已经不可避免，又立即对曹丕"写表称臣"，向许都伸出了屈尊求援之手。

后来，曹丕曾派使者到东吴，"封孙权为吴王，加九锡"。当时，东吴的群臣百官纷纷劝谏孙权，皆认为"主公宜自称上将军、九州伯之位，不当受魏帝封爵"。但孙权却反驳道："当日沛公受项羽之封，盖因时也；何故却之？"他不顾顾雍、徐盛等人的极力阻挠，亲自率领百官出城迎接魏使，恭顺地接受了曹丕的封爵。孙权对曹丕"称臣"，是受当时形势所迫，目的在于争得曹魏的军事援助，从而孤立刘备，恢复荆襄之战时那种以"二对一"的有利局面，即使这一上策达不到，也要争取一个中策——促使曹丕保持中立，避免两面作战的被动境地。

　　孙权制定策略的高明之处，就在于他能够从战略全局着眼，以政治、外交上的灵活性，力避两面受敌的不利局面，促使战略态势向有利于自己的方面转化。为此，孙权不顾一些文臣武将的阻挠，敢于放下架子，卑躬屈膝，向刘备"求和"，对曹丕"称臣"，表现出能屈能伸的男人本色。试想，孙权当时如果目光短浅，不讲策略，在不利的形势下，还像关羽败走麦城时那样硬着头皮充好汉，势必将东吴引向灭亡的深渊，更谈不到后来的猇亭之胜了。

　　当刘邦、项羽共同灭秦之后，汉高祖的势力不及楚霸王，曾暂时接受了项羽所授的"汉王"封号，退避汉中，积蓄力量，以屈求伸，最后暗度陈仓，进取关中，问鼎中原，终于战胜了项羽。孙权也运用这种能屈能伸的策略，使三角斗争的力量达到了平衡，使自己变被动为主动，西胜刘备，北拒曹丕，以策略上的灵活性，为军事上的胜利赢得了时间和条件。

　　总之，形势有利害之分，策略有刚柔之别，行动有进退之异，而真正聪明的人，因善于灵活反应，而常常"笑在最后"，也是最光荣的人。

第五章
朋友是桥，情谊如虹

　　朋友多了路好走，朋友是人生的财富。朋友是我们与世界接触的桥梁，情谊犹如连接天地的彩虹，他们是我们融入社会的媒介。人生得一知己不易，我们与朋友相处要真心以对，不能三心二意。

1. 结交朋友，为自己铺路

人际关系是比较微妙的，很多人认为社会之中难以交
到真朋友，其实不然，正所谓"四海之内皆兄弟"，只要
你愿意和用心，好朋友就在你身边。

一次偶然的机会，陈建认识了李峰。李峰过去曾经是名律师，后
来逐渐厌倦这一行，就辞职自己开办了一家公司，现在这家公司发展
得非常红火。他们聊得非常投机，分别的时候，还互相交换了名片。
几个月之后，陈建所在的公司倒闭，他失业了，找工作找了几个月仍
无着落，心里非常着急。有一天，他忽然想起了李峰，于是就给李峰
打了电话，说明了自己的处境，问他那里有没有适合自己的职位。虽
然李峰的公司目前不缺人，但是他却很热情的给陈建介绍了另一家公
司，让他去面试。就这样，陈建很快找到了新的工作。由此可见，真
正的朋友是可以在任何情况下结交的。

工作中，如果能与同事交朋友，是处理好关系，干好工作的一大
助力。无论你跟谁搭档，要想业绩好，首要条件就是双方的共同努力。
想要实现此目标，你不妨先走出一步，很多人都觉得同事间有利益冲
突，要达到真正的协作是不可能的。但在无利益冲突的时候，你可以
和他们保持良好的关系；有利益冲突时，大家会公平竞争，无论谁胜
谁败，都不要抱怨。

通过业务关系成为朋友是很常见的事情，生产商和原料供应商、
生产商和销售商、客户和银行、病人和医生，等等，都属于业务关系
方面的朋友。同这些业务人员搞好关系也能巩固你在公司中的地位。

比如，你与公司的一个大客户关系很好，那么在与这个客户发展业务关系时，公司就可能会把你派去。这种关系上的朋友，往往是你帮我，我帮你，在各自业务领域中都得到发展与成长。

詹姆斯在一家大公司做销售经理，后来被外派到海外工作，两年之后他辞了职，提出的唯一请求是：允许他继续使用公司配备的手机号码。"在海外工作两年，人脉是我唯一的资源。如果换了手机号，原来的朋友、客户很可能找不到我，那我就真是一无所有了。"詹姆斯这样说。

8年来，詹姆斯以"人脉"和政府的关系为资源，为地方政府招商引资，赢得丰厚的回报。他辞职后，摇身一变，成为"斯坦福工业园"的高级顾问，月薪8000美金，但他的目的不在于此。所谓顾问，其实就是向那些有兴趣到斯坦福投资的商家宣传，介绍合适的项目，最终说服其在工业园区投资设厂，并为他们争取尽可能优惠条件，从而赚取不菲的佣金。

到斯坦福的第一年，詹姆斯就到人才聚集的斯坦福大学，结交了很多企业老总和政府要员，他和该市的一位副市长的交情，就是从那时开始。另外，詹姆斯的经历相对简单，这在州政府眼里，无疑是一个很好的政治保障。渐渐地，詹姆斯成了有名的"热心肠"，经常有新到的厂商"慕名"找上门来，这当然会消耗他一部分时间和金钱，但他说："对于我这种靠人脉吃饭的人，这是必要的投资。"

在短时间内，詹姆斯就为工业园区陆续引进了几个大项目投资。后来，他还同时兼任了附近几个工业区的顾问，他名片上的顾问头衔每增加一个，收入就增长一倍。

建立关系、结交朋友、维系友情，是迈向成功人生的关键。最重要的是，你的这份心思要用对人，也就是找到能给你支持和鼓励的合作伙伴。他们乐于见你出人头地，愿意帮你实现梦想，这种人才是你真正的朋友。

人际关系之所以影响力巨大，很重要的一点，就在于它可以避免个人价值在人力市场中处于"待价而沽"的尴尬境地，提高个人作出选择的权力。有调查数据显示，在职场中工作超过5年以上，而需要

换工作的人中，依靠人脉资源调动工作的超过了 70%。

拥有好的人脉关系，结交好的朋友，是现代生活中不可缺少的部分，多了一层人际关系，多了一个朋友，你的路便会越拓越宽，那么你离成功也就不会太远了。

第五章

朋友是桥，情谊如虹

2、改变他人不如改变自己

> 朋友之间千万不要存在改变对方的想法。每个人都有自己坚持的思维方法和行为准则。你向他进攻，他定会防御，这是很正常的，尽管彼此是朋友。改变他人不如改变自己，这并非不公平，如果你能有对友谊细致入微的关怀，搞僵的人际关系会迎刃而解，从此人生不再是穷途末路，而是无限宽广。

一般来说，一个人在人际关系中，如果处境不佳，就该设法改变它。改变人际关系涉及3个方面：一是环境；二是他人；三是自己。

通常改变环境比较难。比如，在单位里，你如果怎么也得不到上司的赏识，你要改变环境，就不那么容易了。许多人在和他人交往而陷入尴尬的境地时，立刻撤退、避开，在很多情况下，这也不失为最佳的解决策略。可是，你在采用这个方法之前，有必要三思而后行。这样做，会产生怎样的后果呢？对自己会造成什么影响呢？

有的人为了寻找一个适合自己的工作，频频地调换工作。他可能认为：在单位里同事歧视他，发泄对他的不满，他无论在哪儿，耳朵里都塞着这些东西，晚上，回到家里也不得安宁，这些话还在他耳边嗡嗡作响。于是，他只想在陌生人中间活动。因此，不停地调动工作，不想与人打交道。这些人闹调动，不是深思熟虑之后想法使自己摆脱不良人际关系，而是靠调动来解决问题。调动确实是最省力的方法，但也是最笨的方法，而不是最高明的做法。

改变他人确实不容易。大多数人都想改变他人，在日常生活中，出现了矛盾，大多数人或出于本能，或由于冲动，希望通过他人的改变来解决自己的问题。例如，"唉，那个人再坦率点就好啦。""你呀，再稍微深刻考虑一下，就好啦。""咳，那姑娘如果为我考虑考虑，也就万事大吉啦！""听见没有？请按照我说的那样做。""大家别待在一起乱哄哄的，快给我排整齐！"如此等等，无论嚷什么，他们的目标不外乎一个，那就是改变他人。结果，几乎所有的人很少有变化，他们依然故我。

为何难以改变他人？请你再想想，当你在试图改变他人时，对方会怎么反应呢？当然，人身上其实充满各种各样的缺点。有缺点，就要改变，这是理所当然的。但是，并不总是如此。更多的情况是许多人都固执地坚持自己的思维方法和行为准则，这是十分自然的事情。你向他进攻，他防御，也是再正常不过的。正因为如此，他或狡辩、或发火、或缄默无言，再不，就会采取"绝交"之类的威吓手段，来捍卫自己。

出现这种情形当然是自然的：一开始，是心和心的交流，一般是用谈心的形式，直到充满一体感。可是，如果你伤了别人的感情，如泪水、话语，还有过去的"伤疤"，他就会对你敬而远之，独处时间就会增多。即使对你的态度不变，话还是少了。他的脸色凝重，表明惹不起你的意思。你想要改变他人，他人就采取这样的态度。因为一个人如果为人所摆布，你能感到自己存在的价值吗？你在被动地接受他人"干这"、"做那"的指派时，你和他们的关系会更融洽吗？或者，反过来，你和对方的关系会更充实吗？

因此，剩下的只能改变自己。一般来说，从自己改起，然后，他人就会改变。而人际关系中出现的问题，都起因于人们想先改变他人的欲望。这一欲望从你出世不久就开始了，随着你年龄的增长，会日趋膨胀。许多人对自己说再难听的话，都无伤大雅；但是，你绝不会喜欢听来自于他人贬低你的语言。如果这样你定会勃然大怒，绝不"买账"。

所以，你先改变自己的原因就在此处，它是你解决与人纠纷的万能钥匙。有的人会说，在和周围人不能和睦相处的时候，"为什么先

第五章 朋友是桥，情谊如虹

107

要我改变，这太不公平啦！"你也许会这样埋怨的。一点不错，是很不公平。为了自己生活得更舒适，不是改变自己，而是改变他人，这是许多人不改变自己的借口。但要看到，改变自己要比改变他人的效果好得多。你的人生会因此变得更好，你的成长会出乎意料地迅速、顺利，搞僵了的人际关系也会迎刃而解。人生不是穷途末路，而是无限宽广。当然，这个方法也不是任何时候都奏效的，需要灵活运用。

　　总之，不要老是跟朋友唱反调，而要真心赞同朋友。你一定会发现，自我提高对你是没有害处的。要改变自己，就要先从容易改变的地方着手。一言以蔽之，它是隐藏在你内心深处的东西。所以，你和朋友交往时，只要你从内心准备改变自己，你自然会发觉你容易改变的地方就是你的心态。如果你能产生"谅解"、"宽容"的念头，这就是你改变自己的出发点。

做人赢在获得人心

zuo ren ying zai huo de ren xin

3. 不要让钱财成为朋友相处的绊脚石

> 朋友之间有正常的经济上的往来是在所难免的，但一定要讲原则。如果金钱成了朋友之间"吐不出来又咽不下去"的"难言之隐"时，那么友谊则面临着严峻的考验了。"交义不交财"，莫让金钱把友情伤害！

所谓朋友，不但在精神上有共同的理想，在事业上有共同的追求，在生活中有基本一致的趣味，而且在经济上应该互相帮助。朋友之间，礼尚往来，互赠一些物品，或者在适当的时候一起小聚等，也是情理之中的事。但是，如果有人认为"因为是好朋友，在经济上就可以不分你我"，那就错了。

友谊的基础是想法、兴趣爱好上的一致和事业理想上的共同追求。俗话说得好，"交义不交财，交财两不来；要想朋友好，银钱少打扰"。把友谊建立在金钱的基础上，就好比把大楼盖在沙滩上，这种友谊是不牢靠的，认真来说，这样的友谊不是真友谊，而是假友谊。如果在朋友交往中，在经济上长期不分你我，那么，必然带来许多不良的影响。

首先，这种做法会使友谊变质，使纯洁的友谊蒙上金钱拜金主义和物质至上主义的灰尘。天长日久，彼此之间的平等关系会变成经济上的依附关系。

其次，由于物质至上观念的侵入，朋友之间平等的关系还会被金钱交换关系所代替。这时，被金钱腐蚀了的"友谊"就可能变成掩盖错误甚至包庇违法犯罪行为的"保护伞"；经济上的不分你我，就会演变成不讲原则，不分是非。

最后，因为受金钱腐蚀，"以财交友，财尽则交绝"，最终会使友谊不复存在。

但是朋友之间，免不了要牵涉经济问题。比如，请客吃饭。这是一个礼尚往来的事情，朋友之间为了增进友谊，加深了解，一起吃吃饭，娱乐娱乐都是很正常的。甚至一起出去旅游，尤其年轻人喜欢结伴旅游。这种情况下，一定要表现得大方一点，因为没有人愿意同小气的朋友来往，你算计我，我算计你，这种友谊是长久不了的。当然，现在都很时兴AA制，亲兄弟明算账，这样最能获得大家的认可，但要注意的是，有些人不喜欢AA制，觉得这样疏远了感情，那么就要事先沟通好，要将AA制的形式提前提出来，然后获得大家的一致认可后再执行。

再比如，人情礼。曾经有媒体反映，中国家庭一个月的人情礼钱要高出平均收入，这在外国人看来是不可思议的，也许这就代表了"礼仪之邦"的特点吧，遇到红白喜事，作为朋友、亲戚、同事，都要表表心意，尤其是朋友，随着关系的远近及轻重有别。

（1）一定要把握好这个度

首先是不能超出自己的经济承受水平，量入为出；其次要考虑到对方的经济条件，因为中国人都知道这些人情礼都是要"还"的，千万不要因为送礼让自己和朋友背上了包袱，那样对友谊也是一个暗伤。

（2）借钱

这个问题向来是很敏感的。朋友之间，往往是一方不好意思开口，另一方呢，不好意思拒绝。处理这个问题，作为借钱的一方，开口前要想到，能否想出别的办法，向银行贷款什么的；对方的实力如何，借钱给自己是否有难处；自己的偿还能力怎么样，可以向对方承诺多长时间内一定还清(承诺了就一定要兑现，否则就没有下次的机会了)。而借钱出去的朋友，一旦朋友开了口，碍于面子又不好拒绝，那么，你就应该想好了：首先这个朋友是不是有信用，再好的朋友也应该有道德约束，品质不好的人本身就不值得你为借

不借钱给他而发愁；然后是自己的实力，是否真有这样一笔闲钱，还是要从自己的开支中省出，如果是省出来的钱借给别人，就要问问自己愿不愿意，还要考虑家人的感受；还有，考虑对方的还钱能力是无可厚非的，自己辛辛苦苦挣来的钱要花在刀刃上，有去无回的借钱是绝对不能忍受的。如果朋友已经犯过一次这样的错误，绝对不要再给他第二次骗你的机会，借钱不还的人终归是没有信用，不值得一交的朋友。

如此说来，朋友之间，如何正确对待和处理经济上的关系呢？应该肯定，朋友之间经济上的帮助是应该的，也是无私的，不图对方报偿的。但这只是事情的一个方面，另一个方面，应该明白，帮助从来是互相的，即使被帮助的一方无力对等地给朋友以相应的帮助，但也要心中有数，记住"来而不往非礼也"的古训，当有机会对朋友的帮助进行报答时，一定要及时，使这种物质上的来往大体保持平衡。当在朋友之间已经或正在产生较大的经济利益关系时，则不要忘记"好朋友还须明算账"，采取适当的方法，互相尊重对方的权益，商妥处理相互经济利益关系的原则和方法，把权利、义务关系弄清楚。这样做，看来无情，实则有义，"买是买，送是送"，可以避免许多无益而有害的纠纷，使友谊更加牢固。

第五章 朋友是桥，情谊如虹

4.晴天留人情，雨天好借伞

人内心都有一些需求，有的紧迫，有的不重要，而当
其在急需时遇到帮助，内心必定会感激不尽，甚至终生不
忘。在快要饿死时送一个萝卜和在富贵时送一座金山，就
内心感受而言，完全不一样。雪中送炭，滴水之恩，说的
就是这个道理。

俗话说"在家靠父母，出门靠朋友"，多一个朋友多一条路，人
情就是财富。人际关系一个最基本的目的就是结人情，积人缘。求人
帮忙是被动的，可如果别人欠了你的人情，求别人办事自然会很容易，
有时甚至不用自己开口。做人做得如此风光，大多与善于结交人情、
乐善好施有关。

对于一个身陷困境的人，一枚铜板的帮助可能会使他解决极度的
饥饿和困苦，或许还能干出一番事业，闯出自己广阔的天下；对于一
个执迷不悟的浪子，一次促膝谈心的帮助可能会使他重新建立做人的
尊严和自信，或许在悬崖勒马之后奔驰于希望的原野上，成为一名真
正的勇士。

在平常的日子里，对正直的举动送去一个支持的眼神，这一个眼
神无形中可能就是正义强大的动力。对新颖的见解报以一阵赞同的掌
声，这一阵掌声无意中可能就是对革新思想的巨大支持。

对一个陌生人很随意的一次帮助，可能也会使那个陌生人突然悟
到善良的难得和真情的可贵。说不定他看到有人遇到难处时，会很快
从自己曾经被人帮助的经历中汲取勇气和仁慈。

其实，人在旅途，既需要别人的帮助，又需要帮助别人。从这个意义上说，帮人就是积善积德。也许没有比帮助这一善举更能体现一个人宽广的胸怀和慷慨的气度的了。不要小看对一个失意的人说一句暖心的话，对一个将要跌倒的人轻轻扶一把，对一个无望的人赋予一次真挚的信任。也许自己什么都没失去，而对一个需要帮助的人来说，也许就是醒悟、就是支持、就是宽慰。相反，不肯帮助人，总是太看重自己丝丝缕缕的得失，这样的人目光中不免闪烁着麻木的神色，心中也会不时地泛起一些阴暗的沉渣。别人的困难，他可当做自己得意的资本；别人的失败，他可化作安慰自己的笑料；别人伸出求援的手，他会冷冷地推开；别人痛苦地呻吟，他却无动于衷；至于路见不平，更不会拔刀相助；就是见死不救，也许他还会有十足的理由。自私，使这种人吝啬到了连微弱的同情和丝毫的给予都拿不出来。

生活中经常有这样的人，帮了别人的忙，就觉得有恩于人，于是心怀一种优越感，高高在上，不可一世。这种态度是很危险的，常常会引发反面的后果，也就是：帮了别人的忙，却没有增加自己人情账户的收入，正是因为这种骄傲的态度，把这笔账抵消了。

也有一部分人抱着"有事有人，无事无人"的态度，把朋友当做受伤后的拐杖，复原后就扔掉。人们在一起共事时，大家同舟共济，共同的命运把彼此联系在一起，只要采取合作态度，互相支持、互相帮助、互相关照，是最容易产生感情认同的。特别是在困难环境中，彼此相依为命、共渡难关，情谊深厚，可能终生难忘，交情将更为牢固。

对身处困境中的人仅仅有同情之心是不够的，应给予具体的帮助，使其渡过难关，这种雪中送炭、分忧解难的行为最易引起对方的感激之情，进而形成友情。比如，一个农民做生意赔了本，他向几位朋友借钱，都遭回绝。后来他向一位平时交往不多的乡民伸出求援之手，在他说明情况之后，对方毫不犹豫地借钱给他，使他东山再起，他从内心里感激不尽。后来，他在事业上发达了，依然不忘同乡借钱的交情，常常给对方以特别的关照，这是一种知恩图报的典范。

雪中送炭是施恩的一大特征，别人有难处才需要帮忙，这是最起

码的常识。我们内心都有一些需求，有紧迫的，有不重要的，而我们在急需的时候得到别人的帮助，则内心感激不尽，甚至终生不忘。濒临饿死时送一只萝卜和富贵时送一座金山，就内心感受来说，完全不一样。所以要想赢得人心，把握好适当的时机最重要。

做人赢在获得人心

5. 多个朋友多条路

常言说："多个朋友多条路，少个仇人少堵墙。"得罪一个人，就为自己堵住了一条去路，而多个冤家，可能就为自己埋下一颗定时炸弹。

人与人之间，或许会因一些事情而结怨，但记住，敌意是一点一点增加的，也可以一点一点削减。中国有句老话：冤家宜解不宜结。相见就是缘分，既然同在一家公司谋生，整天抬头不见低头见，还是少结冤家比较有利于你自己。

你可能曾经有过这样的经历，本来与你关系最密切的搭档，不知为何突然变得对你十分不满，他不但对你冷漠得吓人，有时甚至你主动跟他说话，他也不理不睬。有些关心你的同事，曾私下探问过，为什么你的搭档对你如此不满？

可是，你究竟在什么时候得罪了对方？连你自己也是丈二和尚——摸不着头脑。直到有一天，你实在按捺不住了，索性拉着对方问："究竟有什么不对呢？"但对方只冷冷地回答："没有什么不妥。"双方的关系僵到了这个地步，如何是好？

别急，既然他说没有不妥，那你就乘机说："真高兴你亲口告诉我没事，因为万一我有不对的地方，我乐意改正。我很珍惜咱俩的合作关系，怎么样，一起吃午饭好吗？"

这样，就可逼他也面对现实和表态。要是一切如他所言真的没事，共进午餐是很礼貌的行为，或者，邀他与你一起喝下午茶。总之，尽量增加与他联络的机会，友善地对待，对方怎样也拒绝不得！

另外，假如你另谋高就，准备递交辞呈，肯定心里会想：那几个平时视我的痛苦为快乐的同事，一定很开心，如果趁此时，乘机向老板告他们一状，岂不是很好？奉劝你要三思而后行！

　　因为世界很小。说不定今天被你告状的同事，明天也会成为你新公司的同事，你将如何面对他？这岂非陷自己于危险境地？要是对方的职位比你高就更加不妙，所以何必自设绊脚石呢？此外，同行虽然是冤家，但同行间的往来还是不少的，你原来公司的上司没准正跟你新公司的上司是好朋友，一旦将你背后打小报告的情况相告，你以为你在新公司的前途会怎样？因为所有上司都不会喜欢乱打小报告的下属。他们会想，整天忙于侦察人家的缺点，还有多少时间花在工作上呢？

　　最好的办法就是留下一个良好的形象，不要做"小人"，所谓"少一个敌人就等于多一个朋友"，开开心心地去履行新职，又与旧公司保持良好关系，才是上上之策。

　　之所以强调"不轻易"得罪人，当然也是有道理的。当事有不可忍时，当正义公理不能伸张时，还是要有雷霆之怒的，否则就是非不分，黑白不明了。这种雷霆之怒的得罪固然有可能为自己堵住一条去路，但相信会开出更多的康庄大道。除了这一点，还是不得罪人好。

　　所以，当你感到自己的利益被侵害时、不被尊重时，请三思，勿轻易动气。此外，也切记不要气焰高涨，盛气凌人，这种只有自己没有别人的态度也很容易得罪人，而且常不自知。

　　当然，在工作中，谁都难免会与人发生一些不愉快的事情，产生一些摩擦和碰撞，引起冲突。这时候，如果处置不当，就会加深鸿沟，陷入困境，甚至导致双方关系的彻底破裂。特别是当与上司发生冲突，问题就更复杂了。善于给自己留后路的人都懂得"冤家宜解不宜结"的道理。他们首先从自身找原因，即使是上司错了也灵活处理，求和解。

6. 朋友相处要公私分明

> 朋友之间要公私分明，不要把"私情"的长臂伸过"楚河汉界"，破坏了游戏规则，让人接也不是，挡也不是，难免尴尬。同样，也不要把公家的印章盖到友情的额头，让人心里不是滋味，伤了友情。

晋悼公执政时期，有个叫解狐的大夫，是名将解扬的儿子。他为人耿直倔犟，公私分明，晋国有个叫赵简子的大夫和他十分要好。

解狐有个爱妾叫芝英，生得貌美体娇，如花似玉，深得解狐的喜爱。可是，有一次有人告诉解狐说，他的家臣刑伯柳和芝英私通。解狐不信，因为刑伯柳这人很忠实。那人于是决定用计使刑伯柳和芝英暴露原形。

第二天，解狐突然接到晋君旨意，要到边境巡视数月。由于任务紧急，解狐连亲近的幕僚刑伯柳都没带，就匆匆出发了。

真是天赐良机，芝英不由心中窃喜。可是前两天她还不敢去找刑伯柳，第三天，她实在熬不住了，就偷偷地溜进了刑伯柳的房间，两人正在房中卿卿我我、如胶似漆的时候，房门突然大开，解狐满面怒容，带着侍卫站在那儿。原来，他根本没接到命令要去巡边，而是就在附近躲了起来，一接到报告，就马上回府，果然逮个正着。

解狐把两人吊起来拷打细审，得知原来芝英爱慕刑伯柳年轻英俊，就找机会勾搭成奸。知道情况后，解狐怒火更大，他把两人痛打一顿，双双赶出了解府。

后来，赵简子领地的国相职位空缺了。赵简子就让解狐帮他推荐一个精明能干、忠诚可靠的国相。他想了想，觉得只有他原来的家臣刑伯柳比较适合，于是就向赵简子推荐了他。

赵简子找到刑伯柳后，就任命他为自己的国相，刑伯柳果然把赵简子的领地治理得井井有条。赵简子十分满意，夸奖他说："你真是一个好国相，解将军没有看错人啊！"刑伯柳这才知道是解狐推荐了自己。他是自己的仇人，为何却要举荐自己呢？也许他这是表明要主动与自己和解吧？于是刑伯柳决定拜访解狐，感谢他不计前嫌，举荐了自己。

刑伯柳回到国都，去拜访解狐。通报上去后，解狐叫门官问他："你来，是因为公事还是因为私事？"刑伯柳向着府中解狐住的地方遥遥作揖说："我今天赴府，是专门负荆请罪来了。刑伯柳早年投靠解将军，承蒙将军晨昏教诲，像再生父母一样。伯柳做了对不住将军的事情，心中本就万分惭愧，现在将军又不计前嫌，秉公举荐，更叫我感激涕零。"

门官又为刑伯柳通报上去。刑伯柳站在府门前等候，却久久不见回音。他正在疑惑难解的时候，解狐突然出现在门前台阶上，手中张弓搭箭，向他狠狠射出一箭。他还来不及躲闪，那箭已擦着他耳根，直奔他身后去了。刑伯柳一下子吓出了一身冷汗，解狐接着又一次张弓搭箭瞄准他，说："我推荐你，那是为公，因为你能胜任；可你我之间却只有夺妻之恨，你还敢上我的家门来吗？再不走，射死你！"

刑伯柳这才明白解狐依然对自己恨之入骨，他慌忙远施一礼，转身逃走了。

韩非主张"私怨不入公门"，解狐真正做到了这一点，可谓"内举不避亲，外举不避仇"，值得令人学习。

解狐居然放过与之有"夺妻之恨"的刑伯柳。这且不算，尚要举荐那位"情敌"担当大任。这在一般男儿看来是不可理解的，从这里我们可以看出解狐在大义面前具有的是何等的胸怀。

虽然我们不一定能达到解狐那样"宽容"的境界，但我们实在应效仿解狐的大度和把大利大益放在首位的高风亮节。

7. 君子之交淡如水

> 君子之交淡如水，真正的友情向来是不温不火，波澜不惊的。交友时如果突然遇到关系一般或好长时间没有联系的朋友突然出现在你面前，和你拉关系时，你就应该留点心眼，暗暗做好准备了。

如果你和某人只是普通朋友，虽然也一起吃过饭，但还谈不上交情；如果你和某人曾是好友，但有一段时间未联络，感情似乎已经淡了。

对于这种状况，你一定要保持高度的谨慎。如果这样的人突然热情起来，那可能是有求于你了。之所以用"可能"这两个字，是为了对这样的行为保持一份客观，避免以小人之心度君子之腹，误解对方的好意。因为人是有感情的动物，他有可能在一夜之间，因为你的言行而对你产生无法抑制的好感，就像男女互相吸引那样；不过这种情形不会太多，而你也要尽量避免这种联想，碰到突然升高热度的友情，只有冷静待之，保持距离。

要分析这种"友情"是否含有"企图"并不难，首先是看看自己目前的状况，是否握有资源。如果是，那么这个人有可能对你有企图，想通过你得到一些好处；如果你无权也无势，但是有钱，那么这个人也有可能会向你借钱，甚至骗钱；如果你无权无势又无钱，没什么好让别人求的，那么这突然升高热度的友情基本上没有危险——但也有可能"项庄舞剑，意在沛公"，是想用你这个人来帮他做些事，例如有些人就被骗去当劳力；或是重点在你的亲戚、朋友、家人，而你只是他过河的踏脚石。

从自己本身的状况检查这突然升高热度的友情真的有没有"危险"之后，你的态度仍要有所保留，因为这只是你的主观认定，并不一定正确，所以面对这突然升高热度的友情，你要做到以下几点：

（1）不推不迎

"不推"是不回绝对方的"好意"，就算你已经看出对方的企图也不要立即回绝，否则很可能立即得罪一个人；但也不可迫不及待似的迎上去，因为这会让你抽身不得，抽了身又得罪对方，把自己变得很被动；不推不迎就好比男女谈恋爱，回应得太热烈，有时会让自己迷失，若突然斩断"情丝"，则会惹恼对方。

（2）冷眼以观

"冷眼"是指不动情，因为一动情就会失去判断的准确性，此时不如冷静地观看他到底在玩什么把戏，并且做好防御，避免措手不及。一般来说，对方若对你有所图，都会在一段时间之后就"图穷匕现"，显现他的真目的，他不会跟你长时间耗下去的。

（3）礼尚往来

对这种友情，你要"投桃报李"，他请你吃饭，你送他礼物；他帮你忙，你也要有所回报，否则他若真的对你有所图，你会被他牢牢地控制住，想要临事脱逃？恐怕没那么容易。做人不能没有提防之心，就像前人所说，防人之心不可无，如果是你本来不亲密的朋友，那就更要小心行事了。

做人赢在获得人心
zuo ren ying zai huo de ren xin

8. 逆境之中看朋友

在你春风得意时，往往会高朋满座，朋友都能为你"赴汤蹈火，在所不辞"，都是你"真正"的朋友。可是一旦你失势，身处逆境，大多数"朋友"都会在你眼前消失，这个时候，还能在你身边的，一般都是真正的朋友。

在利益面前各种人的灵魂也会赤裸裸地暴露出来。有的人在对自己有利或利益无损时，可以称兄道弟，显得亲密无间。可是，一旦有损于他们的利益时，他们就像变了个人似的，见利忘义，唯利是图，什么友谊，什么感情统统抛到脑后。比如，在一起工作的同事，平日里大家说笑嬉闹，关系融洽。可是到了晋级时，名额有限，"僧多粥少"，有的人的真面目就露出来了。他们再不认什么同事、朋友，在会上直言摆自己之长，揭别人之短，背后造谣中伤，四处活动，千方百计把别人拉下去，自己挤上来。这种人的内心世界，在利益面前暴露无遗。事过之后，谁还敢和他们交心认友呢？

当然，真正的朋友还是有的，也占大多数。但是，在利益得失面前，每个人总会亮相的，每个人的心灵会钻出来当众表演，想藏也藏不住。所以，此刻也是识别朋友和人心的大好时机。

进而言之，岁月也可以成为真正公正的法官。有的人在一时一事上可以称得上是朋友，日子久了，同事时间长了就会更深刻地了解他们的为人、人品，"路遥知马力，日久见人心"，说的就是这个意思。如此长期交往，长期观察，便会达到这样的境界：知人知面也知心。

春秋末年，晋国中行文子被迫流亡在外，有一次经过一座界城时，

他的随从提醒他道："主公，这里的官吏是您的老友，为什么不在这里休息一下，等候着后面的车子呢？"中行文子答道："不错，从前此人待我很好，我有段时间喜欢音乐，他就送给我一把鸣琴；后来我又喜欢佩饰，他又送给我一些玉环。这是投我所好，以求我能够接纳他，而现在我担心他要出卖我去讨好敌人了。"于是他很快地就离去。果然，不久这个官吏就派人扣押了中行文子后面的两辆车子，献给了晋王。

中行文子在落难之时能够推断出"老友"的出卖，避免了被其落井下石的灾难，这可以让我们看到：当你处在高位某位朋友对你刻意投其所好时，那他多半是因你的地位而结交，而不是看中你这个人本身。这类朋友很难在你危难之中施以援手。

话又说回来，通过逆境来检验人心，尽管代价高、时日长，又过于被动，然而其可靠程度却大于依推理所下的结论。

做人赢在获得人心

zuo ren ying zai huo de ren xin

9. 控制情绪，理智才能交朋友

> 有些人，往往因为旁人的几句话，便耿耿于怀，动辄勃然大怒，血管绷胀，做出很不理智的事来，等到情绪稳定之后，才悔不当初，这就是失控所带来的危害。

有一回，苏格拉底带着学生回家，他太太正因煤气的事生气，还当着客人的面掀翻了桌子。

有位学生十分不悦，说道："就算是师母，也要有个师母的样子，这真是太过分了。"说完转头就想走。

苏格拉底心平气和地说："上次我去你家，不是有一只母鸡从窗户外头跑进来，把桌子搞得乱七八糟吗？那时我们不是都没有生气吗？"

所以，生气的对象如果是人就会发怒，而一旦换成母鸡便无从愤怒。苏格拉底利用妻子的行为教育弟子，希望他能从这件事中领悟到更深的哲理。人人有生气恼怒的时候，如果把生气的对象视为低等动物，就可以让自己心情恢复平静。

这种贬低别人的方法，只是权宜之计，对于人格的提升毫无帮助，暂时先将心情平定以后，自己还要进行事后反省。

如果连把对方看成低等动物，还不能心平气和，这时最好作深呼吸，把眼睛闭起来，让当时情况重映于心，使刺痛你的事件从脑海里消失，这样做颇具效果，不妨一试。

人们总是在意想不到的时候产生不愉快的想法。所以，我们不但要学会如何排除不愉快的想法，还应当学会怎样把腾空了的地方装上

123

健康而积极的想法。譬如说，你做完了一天的工作，回到家里冲一个澡，就会使你感到非常舒服。当你正在怡然自得的时候，突然想起了上个月和邻居吵架的事情，一下子，你满脑子都充满了不愉快的回忆。此时你应该将和邻居的种种不愉快统统排除掉，因为你这时根本解决不了跟邻居争吵的事情。

情绪愉快是理所当然的，而不去破坏这种情绪的责任就在你自己身上。把头脑里的烦恼念头清除以后，你可以挑选任何喜欢的东西鼓舞自己。要照这个办法练习几次。一旦你在这样做的时候尝到甜头，头脑里浮现出的愉快景象，会使你觉得更加舒畅。

假如过了几分钟后，你又想起了那些泄气的往事，赶紧再去想象美好的事物。只要你不自觉地想起了泄气的事情，就必须有意识地行动起来，把那些念头替换。

只有你自己才能够控制你的头脑。只要用"情绪吸尘器"把怒气赶走，留出地方来装上即将到来的快乐和成功，就会让你永远处于心情愉悦的状态。

做人赢在获得人心

zuo ren ying zai huo de ren xin

10.朋友是一种资源，不能透支

作为朋友，作为一个聪明的人，与朋友交往就要像消防队员一样，救急不救穷，要求朋友"救穷"，是在透支朋友的资源。

"天有不测风云，人有旦夕祸福"，"谁没有马高凳短的时候"，人活在世上，总有需要别人帮忙的时候。

但是要明白，需要别人帮忙是难免的，但谁又能帮别人一辈子，谁又能一辈子都靠别人帮忙过活呢？所以，聪明的有心人不会事事都求朋友帮忙，养成依赖的习惯。

要知道事物的发展在于内因，外界的有利因素和不利因素只能影响事物发展的过程，而最终起决定作用的仍然是事物本身。

打个比方，朋友就像是消防队员，在你遇到紧急情况时才求助他们，自己能办到的还是靠自己。朋友不是你的影子，随时随地跟着你；朋友不是你的老师，发现你有错误就能及时指出，有问必答；朋友不是你的父母，可以无私地包容你的一切；朋友能做的，是在你有困难，而他们能帮得上忙时，伸手拉你一把。

请记住，朋友是一种资源，应该在最需要的时候用。朋友是消防队员，救急不救穷，这有两重意思，一是指如何用朋友资源，指的是何时应该请求朋友的帮助；二是指应如何帮助朋友，有求必应说的是天神，而非朋友。

朋友是一笔资源，可以使用却不宜透支。朋友之间交往最现实最常见的就是金钱问题。这里有一则真实的故事：

张强是一个私营印刷厂的老板，印刷厂生意很好，人也特别好。李文和张强从小学到大学一直是同学，是好朋友。但过了13年后，两人的情况却相差悬殊，李文在一个县城中学当教师。当然这并未妨碍张、李二人继续是朋友。

一个两袖清风的教师和一个腰缠万贯的老板如何相处呢？

李文的妻子是个下岗女工，儿子力力今年8岁，正上小学，花费颇大，只靠李文一个月1500多元的工资维持生活，日子有些艰难。李文不因此而向身为大老板的朋友张强开口借钱，一是因为这是一笔小钱，在张强的眼里算不得钱，不值得向张强开口；二是这不是一次能解决的问题，这月借了，下个月怎么办，以后又怎么办？难道不断地借下去吗？而且，李文的经济情况也不是一时就会转好的，如果借了钱何时才能还呢？可不幸的是，力力出了车祸，手术的费用得4万元左右。这时候，李文没有选择，只好向张强借钱了，一个人能有几个一下拿得出4万块钱而又不对他自己的生活不产生影响的朋友呢？

这是从李文的角度来讲的。

从张强的角度来看，假如李文零零星星地从张强那里借了些钱，当做生活费用掉了。当然，这笔钱对张强来说算不了什么，他不会在乎，可朋友关系却从此不再平衡。吃人家的嘴短，拿人家的手软，李文难以用平等的心态对待张强，难免会产生不服、忌妒、自卑的心理，想当年你我差不多，甚至你还不如我，凭什么你现在就可以大把大把地捞钱，我却只能靠跟你借钱来维持生活。本来应该有的感激之情也荡然无存，反而心怀恶意。

零星借来的钱被李文一家用掉了。本来没有这笔钱也可以过得去，少吃几次肉几次鱼也就罢了。张强的钱对他们的生活没有多大影响，但一旦借了些钱，李文近期又难以偿还，这对李文是一个心理上的负担，主要是对李文的自尊心有影响，这种情况长期持续下去，李文在张强面前慢慢就会失掉自尊，开始自卑，一个没有自尊的人是什么事都会干得出来的，张强借钱是好心帮助他，却不一定有好的结果。

如果李文因儿子的意外而向张强借钱，这笔钱对李文的意义非常

重大，自然会因此对张强心存感激，救急不救穷，不只限于金钱方面，而是指帮朋友时，应该是给朋友一根拐杖，让他自己站立起来，而不是一直扶着他。小时候，小孩学走路，父母不是一直用手牵着他们，而是在他们要摔倒时，赶紧上来扶一把，做朋友也应如此。

即使你们是很好的朋友，你也不可事事都向朋友求助，把朋友资源都零零星星、琐琐碎碎地透支了。做人做到这个分上应是很失败的，它会损伤或粉碎你们好不容易建立起来的友谊。

第五章　朋友是桥，情谊如虹

第六章
忍得一时，受用一生

　　忍一时风平浪静，退一步海阔天空。人生在世，总会遇到许多不顺心的事，这种时候，有些人就会冲动，乱发脾气，不能理智地分析事情的原委，使其得到合理的解决，这样很容易做出让自己后悔的举动。柏拉图曾说："要是你无法避免，那你的职责就是忍受。如果你命运里注定需要忍受，那么说自己不能忍受就是犯傻。耐心是一切聪明才智的基础。"忍耐是一种人生的智慧，忍得一时之气，方能成就大事，使自己受用一生。

1. 忍得一时，以退为进

> 忍一时风平浪静，退一步海阔天空。意思是说，我们在某些特殊情况下，不要一味地使蛮劲，而应该分析局势，作出以退为进的决策，其核心思想就是一个"忍"字。

在中国历史上，许多著名人物都是靠忍字成就大业的。同样，在现代社会里，许多在事业上获得成功的企业家、金融巨头亦将忍字奉为修身立业的真经，均在自己家中、办公室里悬挂着巨大的忍字条幅。可以毫不夸张地说，忍学已经成为世界上成功的企业家、政治家、军事家、外交家、科学家们所必修的课程。

我们之所以要提倡"忍学"，是根据某些事物的具体情况而定的。有些时候，你处于十分尴尬的境地，无论怎么努力，成效似乎都不大，"一分耕耘，一分收获"似乎不再有效。这就好比手中拿着一万块钱，想通过自己的精心测算、分析，来撼动股市一样。此时，你所作的最好策略就是，不要凭着自己的"蛮劲"，一味地相信自己的判断，投入到某些前途极端凶险的股票之中，相反，假如暂时忍一忍，静观一下股市变化，先求其次，买一些绩优股，待选定时机再投入到你认为必涨的冷门中，这时才能真正获得成功。

忍能成大器。只要你在做事的准则中牢牢记住"忍"这一条，必定能成大器。汉朝时的韩信，若是不能忍住那"胯下之辱"，怎能从一个街头小痞子一跃而成为淮阴侯。至于这种中华民族传统美德造就出了古今多少"巾帼英雄"，那就更不必说了。

忍能受到上司的提拔。如果在上司面前不能忍，遇事动不动就粗暴顶撞，绝对不可能有升迁的机会。古代的相命学在某些角度来看不无道理，一个脸大耳圆、嘴角上翘的人，夸他日后做官八成有道理，因为这种人一看就是个和事老，他们绝对不会在非原则的事情上和上司争得面红耳赤，也不会为上司的一点点小脾气而大动肝火，他们往往能以最省事的办法登上权力的高峰。

忍能赚得更多财富。在商海中遨游的人，大都坚信，在自己有求于人的时候，一定要付出代价，这个代价就是忍。有时候，从银行贷款，就必须要忍住审查人员的吹毛求疵；与老板谈生意，稍微不忍就可能损失一大笔钱。如果你的确有求于那个对你挑鼻子瞪眼睛的人，就暂时忍一忍吧！只要不是原则性的冲突，忍过之后，钱就进来了，何乐而不为呢？

当然，我们讲一个忍字，并不是劝告你怯懦，真正的忍是以退为进的手段，而那些只是一味地退让，从不考虑自己真正的目标，不思进取的人，忍来忍去反而会让他永远爬不起来。

做人赢在获得人心
zuo ren ying zai huo de ren xin

2.忍一时之败，得一世之赢

> 世上本没有绝对的强者，所以也就不存在永远的胜利者。一时的失败不是永远的失败，因为笑到最后的人才是最终的赢家。失败不可避免，从失败中总结经验教训，勇敢的站起来，去迎接下一次的挑战才是强者的本质。

什么是真正的强者？或者说有没有一种被人公认的强者的准则？人们对此众说纷纭，一种人认为强者即力量的强大者，权力处在巅峰位置即为强者；另一种人认为世上并无永恒的强者，强弱是相对的，一个人在某方面的强大或许正掩盖了其他方面的弱点。正因为如此，很少有人能在第一把交椅上永远坐下去。

汉朝开国皇帝刘邦就是一位很会示弱的人物，但这并不影响他最后成为汉朝的创立者；而项羽英勇盖世，处处逞强，却最后成为垓下之鬼。这两种不同处世方法所带来的不同命运，很值得后人深思。

楚汉相争之前，项羽与刘邦说好了先入关者为王，但项羽遇上秦军主力，战争异常激烈；而刘邦却一路顺畅，只遇上秦兵的些许抵抗，所以得以先入关。

可是项羽哪里肯做这种吃亏上当的事，明明是自己破釜沉舟歼灭了秦军主力，到头来却被一个无赖做了王者，岂不叫天下人耻笑，加上项羽的谋士范增又火上浇油，说："刘邦在山东时，贪财好色，如今进了关中，却变成了另一个人。既不收取财物，又不亲近女色，由此可见，他的野心不小啊！"

因为刘邦经常自诩头上有天子气，范增又添油加醋挑起项羽的怒

火："我仔细观望了云气，只见刘邦头顶上五彩缤纷，显现出盘龙卧虎的形势，这可是天子的征兆。"

这一说，把项羽气得火冒三丈，下定决心要将刘邦除掉。

当时，项羽的兵马40万，驻扎在鸿门；刘邦的兵马只有10万，驻扎在灞上。双方相隔只有40里地，兵力悬殊，硬拼的话肯定不是项羽的对手。

这时刘邦的谋士张良献计说："项羽是一个吃软不吃硬的人，你要向项羽道歉，并装作很服从他的样子，这样才能平息他的怒火，平息了他的怒火，他就不会杀你。"刘邦想了一想，没有其他的办法，只能如此。

于是，刘邦挑个日子，带了一百多个随从，到了鸿门去拜见项羽。刘邦一见项羽，满脸堆着谄媚的笑说："我跟将军同心协力攻打秦国，将军在河北，我在河南。我自己也没有想到能够先入关。今天在这儿和将军相见，真是件令人高兴的事。哪儿知道有人在您面前挑拨，叫您生了气，这实在太不幸了。"

项羽见刘邦低声下气的样子，满肚子气也消了不少。刘邦见项羽心软了，才大松一口气。后来刘邦巧妙地设计逃离了这个是非之地。刘邦的这一示弱为他的日后东山再起奠定了基础。

公元前206年，在诸强一起推翻秦朝以后，项羽分封天下诸侯，自立为西楚霸王，封刘邦为汉王，属地为巴蜀。刘邦并没有因为被项羽分封在这路途遥远的穷山恶水而意志消沉，在其得力谋士的辅佐之下，刘邦"明修栈道，暗度陈仓"，在汉中励精图治，积蓄力量，等到有了与项羽相抗衡的军事实力后，突然杀出汉中，将项羽打得大败，逼得一代楚霸王在乌江拔剑自刎，为后人留下了无尽的遗憾和思索。

楚汉之争这段恢弘的历史虽然成了过眼烟云，但它留给后人的意义和教训却发人深省。宋代词人李清照在一首诗中写道："生当做人杰，死亦为鬼雄。至今思项羽，不肯过江东。"正是道出了这种后人的遗憾之情。

刘邦遇强则避，适时示弱，却最终开创了四百年的汉朝基业，成为中国历史上汉唐盛世的开山之人。而楚霸王项羽虽然英勇盖世，却

放不下自己的架子，不肯过江东以图东山再起，为后人所惋惜和感叹。

从楚汉相争看来，世界上没有绝对的强者，也没有绝对的弱者。项羽处处逞强，最终难以坐得天下；刘邦懂得适时示弱，因而在秦末乱世最终胜出，开创了四百年的大汉江山。我们由此可以推出，那些所谓的"弱者"是在不该强势时绝对不逞英雄气概，但一旦得势就抓住机遇、把握方向，一举强攻以获得成功。这就是笑到最后才笑得最好的道理。

第六章 忍得一时，受用一生

3. 学会忍耐的智慧

在人生的路上，没有耐心是不可想象的。没有耐心就等不到成功的喜悦，相反地，面对失败，你也需要付出更大的耐心，因为那是一生的事。

忍可以促使一个人的身心成熟，以便大展宏图。在《道德经》里，老子曰："大直若屈，大智若拙，大辩若讷。"其实，这是一种处世哲学，是让人知道身处逆境之时，应通晓时事，沉着待机，这才是智者的做法。"伏久者飞必高，开先者谢独早。"所以，只有忍耐才能成就大事，才能一鸣惊人。

《史记》中说："古者富贵而名磨灭，不可胜记，唯倜傥非常之人称焉。盖西伯（文王）拘而演《周易》；仲尼厄而作《春秋》；屈原放逐，乃赋《离骚》；左丘失明，厥有《国语》；孙子膑脚，《兵法》修列；不韦迁蜀，世传《吕览》；韩非囚秦，《说难》《孤愤》；《诗》三百篇，大底圣贤发愤之所为作也。"其实，书中所记载的这些人物也正是懂得忍耐的用处，才能到最后终有一成，留名千古。

低调的人知道忍耐的道理。成功是需要忍耐的，在成功面前，急躁是最大的弊病。或许你对于成功抱有一种急切的心情，导致了一种浮躁心态，这样反而会阻碍你的成功，无论何事都需要一个过程，况且，很多人都是大器晚成者。

现在，尽管眼下大学生就业形势并不让人乐观，但还是有不少将要跨出校门的和刚跨出校门的大学毕业生对此缺乏应有的心理准备，有的大学生甚至认为月工资低于 3000 元的工作不值得去做。但令人忧虑的是，虽然这些大学生对待遇的要求很高，可是实际工作能力却并不出色，有的大学生在实习期间业绩平庸，有的根本就拿不出手。这是一些大学生急于成功的浮躁心态在作怪。

一位大学教授曾深有感触地说："现在不少年轻学子坚持不了听完最后一堂课；他们对基础理论课的学习不感兴趣；已很难平静地听完老师和家长的话；难以看完一本名著或欣赏完一首名曲。"这些学生忘记了从量变到质变的道理，他们希望立竿就能见到影，他们甚至渴望科学家们能发明"知识注射液"，在数秒钟内使自己成为天才，这都源于浮躁的驱动，源于年轻人急于求成、渴望结果的超常迫切心态。长此以往，很容易渐变为一种病态的人格。

有一位著名的推销大师，曾在许多行业创造了辉煌的成绩，但随着年龄日增，他要退出自己的职业生涯，无数人盛情相邀，他答应做一场演说。

大师演说的日子到来了，会场座无虚席，人们焦急地等待着，盼望一睹推销大师的风采。讲台的大幕徐徐拉开，人们看到舞台的正中央有一个高大的铁架，铁架上吊着一只巨大的铁球。一位老者在热烈的掌声中，走了出来。他站到了铁架的旁边。人们感到奇怪的是，他身着红色运动服，穿一双白色运动鞋，完全不是西装革履报告者的模样。

人们不知他要做什么，都好奇地看着。工作人员拿来一个大铁锤放到了老者面前。主持人请来了两名身体强壮的小伙子到台上来，推销大师请他们用铁锤去敲打那个大铁球，直到把它荡起来。

两个小伙子抬起大铁锤用力向那吊着的大铁球砸去，有震耳欲聋的响亮声音传来，但铁球纹丝不动。他们又用大铁锤连续砸下去，很快小伙子累得气喘吁吁，但铁球仍旧没有动。

会场上所有的人都不明白怎么回事，只是静静看着，这时，推销大师从衣服口袋中掏出一个小锤，开始对着大铁球连续敲打，一下又一下。敲一下，便传出"咚"的一声，一个短短的停顿，接着又是一声。

人们仍奇怪地看着，而老人全神贯注地认真敲着那个球，持续

不断的"咚咚"声不停响起。20分钟过去了，30分钟过去了，50分钟过去了，会场上的人已等得不耐烦，开始骚动。他们扭动着身子或出声抗议表示不满。老人却全神贯注，一小锤一个停顿地敲着，对于场下人们的反应像是根本没有看见。许多人愤愤地离开了，会场上空出了许多座位。60分钟后，坐在前排的人忽然叫道"球动了！"喧闹的会场又一下子寂静下来，人们又把目光紧紧盯在铁球上。那个铁球开始缓缓摆动，幅度很小，不细看难以察觉。大师仍保持着那个姿势，一小锤一小锤敲着，不时有咚咚的声音传来，人们默默听着。

铁球开始越荡越高，甚至拉动那个铁架子"哐哐"作响，它的巨大威力震撼了在场的每一个人。就是那两个小伙子用大铁锤也没有打动的大铁球，在大师一小锤一小锤的敲打中剧烈地荡起了秋千，终于，场上爆发出热烈的掌声。

而那位推销大师，只说了一句话："在成功的道路上，你没有耐心去等待成功的到来，那么，你只好用一生的耐心去面对失败。"所以，成功不是一朝一夕的事，它要有充分的准备和合适的契机，有如化学反应中从量到质的过程。一小锤一小锤的敲击，看似微不足道的力量，但只要持之以恒，却可以晃动那巨大的铁球。

每个人都可能遇到不顺。当你碰壁的时刻来临时，你就像面对着那个巨大的铁球，甚至用大铁锤猛力去砸，都无法使它移动分毫，你感到沮丧开始怀疑，也许晃动那铁球是一件不可能的事，于是你放弃，铁球仍安然地停在那里。你就这样轻易远离了成功，而有耐心的人，懂得坚持，他们牢记着自己的目标，并告诉自己："值得为这个目标努力，不要放弃。"就用一只小锤撼动了成功。

那位推销大师的话让我们深思，在人生的道路上，没有耐心是不可能成功的，没有耐心等待成功，那只有用耐心来面对失败了，而面对失败，要你付出更大的耐心，因为那是一生的事。所以，低调一点，学会忍耐，成功在不知不觉中就会降临在你的身上。

在成功的道路上，耐心是你前进行囊中必备的行李。如果你没有耐心等待成功的到来，你就只好用一生的时间去面对失败。为此，心

理学家一再告诫人们：成就某事的动机水平和压力程度以适度为宜。任何事情都有其规律和顺序，人生宏大的目标应当以累积诸多小目标为基础。成功不是一天获得的，一切都有赖于下工夫才行，当获得一些小成功时，大成功也就在门外了。有些时候，做人就需要一点忍耐，因为忍耐也是一种智慧。

第六章 忍得一时，受用一生

4.忍小节，才会成大事

对于做事留后路者而言，他们通常把眼光放在远处，从长远利益考虑问题，力戒因小失大。凡是欲成大事者，一定要牢记那些因小失大的例子，在生活、工作、事业之中养成善忍小节的习惯，从而成就一番事业。

话说张飞闻知关羽被东吴所害，下令军中，限三日内置办白旗白甲，三军挂孝伐吴。次日，帐下两员末将范彊、张达向张飞报告，三日内办妥白旗白甲有困难，须宽限方可。张飞大怒，让武士将二人绑在树上，各鞭五十，直打得他们满口出血。鞭毕，张飞手指二人道："到时一定要做完，不然，就杀你二人示众！"范彊、张达受此刑责，心生仇恨，又担心完不成任务受罚，便于当夜，趁张飞大醉在床，将其一刀刺死。

时年55岁的张将军，就这样因一件小事而结束了自己叱咤风云的一生，值与不值，后人自有评论，只希望大家以此为鉴，该忍则忍，顾全大局。既然木已成舟，又何必再去做那些图一时痛快，而损害了长远利益的事情呢？

人有七情六欲，喜怒哀乐是人类与生俱来的情感表达方式。人生在世上，难免会遇到令人高兴或气愤的事。兴奋的事，可以使人心情愉快，精神焕发，并使生活充满无限的希望；而气愤的事，往往就会使人义愤填膺，怒火中烧，甚至丧失理智，作出不可收拾的行为。

当一个人在气头上时，意气用事是在所难免的，在这个时候，即使平常说话非常谨慎的人，也会因丧失考虑而祸从口出。

尽管生气是人之常情，但一个人生活在世上，若能高高兴兴地度过一生，岂不是一件很美好的事吗？所以，我们应尽量带着愉快的心情，处理生活上的各种问题。即使一旦发怒，最好也能忍在心里，不要爆发，用理智来抑制激情，这样不仅能使大事化小，小事化无，甚至还可能有意想不到的收获。

桓公名小白，原是齐国公子，而管仲原本是小白之兄公子纠的师傅。齐国的君主僖公死后，各公子争夺王位，到最后只剩下公子小白与公子纠。管仲为了替公子纠争王位，曾用箭射伤公子小白。然而，最终结果是小白先回到齐国，继承了王位，帮助公子纠争王位的鲁国，在与齐国的交战中大败，只得求和。桓公要求鲁国处死纠，并交出管仲。

消息传出后，大家都同情管仲，因为被遣送到敌方那里，无疑是要被折磨致死。有人建议说："管仲啊！与其厚着脸皮被送到敌方去，还不如自己了断。"但管仲只是一笑，说："如果要杀我，当该和主君一起被杀了，如今还找我去，就不会杀我。"就这样，管仲被押回齐国。

果然，到了齐国，齐桓公不但没有杀管仲，反而任用他为宰相，这连管仲自己都没有想到。在这里，齐桓公显现了超乎寻常的大度，他这样做正是一个欲成大业的人所应该做的，而管仲也没让他失望，最终助他成为一代霸主。

齐国在今山东半岛一带，从整个周朝来看，只不过是东部的一个小国。如何使这个小国登上天下霸主的地位，这是已为人相的管仲日夜思索的问题。

管仲决心先整顿"法制"，谋求中央集权的强国富民政策。人性本是趋利避害的，因而必须实行以法为基准、赏罚分明的政治，以达成严格的君民统治。而富足民生，拉拢人心更是明君之道。此外，还需同时致力于远播威名于四海的工作，这些不只是强国思想，也是称霸天下的统治思想。

齐国与鲁国相邻，由于国界绵延相连，武力冲突不断。齐桓公五年，齐国打败了鲁国，鲁国只得割让自己一块土地来求和。鲁王与将军曹沫一起前往齐国谈判。不料议谈中，曹沫突然站起来，举起短剑

抵在齐桓公胸前，以必死的眼光逼视着桓公说：“我鲁国是个小国，如今由于大王的侵略，国土越发狭小，无论如何请齐王退回所夺去的土地。”

“我答应。”在当时的情境下，桓公只得听命。

“那么，就在这里订下归还土地的盟约吧！”曹沫毫不退让。

由于短剑抵在桓公胸前，谁也不敢插手，齐国只好签订了归还土地的盟约。

桓公是为了保命才归还土地，并非真的要归还，于是在鲁王离去之后，他立即对群臣说：“盟约另行书写，绝不退出占领土地，原有盟约无效。”此时，管仲劝谏桓公道：“主君的心情我理解，但那样做必定会因小失大。轻易破坏既定的法则，失信于诸侯，千万不要迷恋这样的一小块土地而失去天下。”

桓公立刻冷静下来，接受了管仲的建议，收兵而返。这件事很快传到邻近诸侯的耳朵里，大家争相传颂齐王的果断，更加敬畏桓公的英勇，齐国的信誉大大提高了。

一个人要成大事，必须要以古为鉴，善忍小节。因为，只有能够忍耐小的过失和缺点，才会成就大的事业。

5. 退一步，是为了进十步

忍耐需要具备一定的毅力和勇气。它是成功者必具的一种风范，一个人要想做成事，就必须学会忍，时刻保持理智。

古人常说："故天将降大任于斯人也，必先苦其心志，劳其筋骨，饿其体肤，空乏其身，行拂乱其所为，所以动心忍性，增益其所不能。"所以，纵观古今中外，凡是能成大事者莫不懂得这样一条道理：百炼成钢。在成大事者眼中，任何降临于其身上的困苦、灾难、委屈都是在磨炼自己。

现实生活中，任何人都难免遭受磨难，如何以柔克刚，以忍成事，则是我们必须学习的，一个人能否做成事，就在于在关键时刻能否用一种良好的习惯来控制自我，而忍耐无疑是其中最重要的一点。忍耐不是让自己心灰意冷。相反，而是让自己更能鼓舞士气，激发要做一番大事的欲望。做事能忍一时之委屈，那么将来必能取得想要的成绩。

唐代武则天专权时，曾下令在都城洛阳四门设置"瓯"（即意见箱）接受告密文书。对于告密者，任何官员都不得询问，告密核实后，对告密者封官赐禄；告密失实，并不反坐。这样一来，告密之风大兴，不幸被株连者上千万，朝野上下，人人自危。

武则天为了给自己当皇帝扫清道路，先后重用了武三思、武承嗣、来俊臣、周兴等一批酷吏。她以严刑厉法、奖励告密等手段，实行高压统治，对抱有反抗意图的李唐宗室、贵族和官僚进行严厉的镇压，先后杀害李唐宗室贵戚数百人，接着又杀了大臣数百家。至于所杀的

中下层官吏，就多得无法统计。

有一次，酷吏来俊臣诬陷平章事狄仁杰等人有谋反行为。来俊臣出其不意地先将狄仁杰逮捕入狱，然后上书武则天，建议武则天降旨诱供，说什么如果罪犯承认谋反，可以减刑免死。狄仁杰突然遭到监禁，既来不及与家里人通气，也没有机会面见武则天，说明事实，心中不由焦急万分。

到了审讯的日子，来俊臣在大堂上刚读完武后的诏书，就见狄仁杰已伏地告饶。他趴在地上一个劲地磕头，嘴里还不停地说："罪臣该死，罪臣该死！大周建立使得万物更新，我仍坚持做唐室的旧臣，理应受诛。"狄仁杰不打自招的这一手，反倒使来俊臣弄不懂他到底唱的是哪一出戏了。既然狄仁杰已经招供，来俊臣将计就计，判他个"谋反是实"，免去死罪，听候发落。

来俊臣退堂后，坐在一旁的判官王德寿悄悄地对狄仁杰说："你也要再诬告几个人，如把平章事杨执柔等几个人牵扯进来，就可以减轻自己的罪行。"狄仁杰听后，感慨地说："皇天在上，后土在下，我既没有干这样的事，更与别人无关，怎能再加害他人？"说完一头向大堂中央的顶柱撞去，顿时血流满面。王德寿见状，吓得急忙上前将狄仁杰扶起，送到旁边的厢房里休息，又赶紧处理柱子上和地上的血渍。狄仁杰见王德寿出去了，急忙从袖中抽出手绢，蘸着身上的血，将自己的冤屈都写在上面，写好后，又将棉衣撕开，把状子藏了进去。一会儿，王德寿进来了，见狄仁杰一切正常，这才放下心来。

狄仁杰对王德寿说："天气这么热了，烦请您将我的这件棉衣带出去，交给我家里人，让他们将棉絮拆了洗洗，再给我送来。"王德寿答应了他的要求。狄仁杰的儿子接到棉衣，听到父亲要他将棉絮拆了，就想：这里面一定有文章。他送走王德寿后，急忙将棉衣拆开，看了血书，才知道父亲遭人诬陷。他几经周折，托人将状子递到武则天那里，武则天看后，弄不清到底是怎么回事，就派人把来俊臣叫来询问。来俊臣做贼心虚，一听说太后要召见他，知道事情不好，急忙找人伪造了一张狄仁杰的"谢死表"奏上，并编造了一大堆谎话，将武则天应付过去。

又过了一段时间，曾被来俊臣妄杀的平章事乐思晦的儿子也出来替父申冤，并得到武则天的召见。他在回答武则天的询问后说："现在我父亲已死了，人死不能复生，但可惜的是太后的法律却被来俊臣等人给玩弄了。如果太后不相信我说的话，可以吩咐一个忠厚清廉、你平时信赖的朝臣假造一篇某人谋反的状子，交给来俊臣处理，我敢担保，在他残酷的刑讯下，那人没有不承认的。"

武则天听了这话，稍稍有些醒悟，不由得想起狄仁杰一案，忙把狄仁杰召来，不解地问道："你既然有冤，为何又承认谋反呢？"狄仁杰回答说："我若不承认，可能早死于严刑酷法了。"武则天又问："那你为什么又写'谢死表'上奏呢？"狄仁杰断然否认说："根本没这事，请太后明察。"武则天拿出"谢死表"核对了狄仁杰的笔迹，发觉完全不同，才知道是来俊臣从中做了手脚。于是，下令将狄仁杰释放。

这是一个典型的以柔克刚、忍一时委屈而最终达到目的的例子。狄仁杰的做法告诉我们，有时候以"忍"为武器与对手周旋，是斗争中的良策，相反以硬碰硬，会让自己吃大亏，这样做无论从哪方面说都是不明智的。

忍耐需要具备一定的毅力和勇气，它是成功者必具的一种风范，一个人要想做成事，就必须学会忍，时刻保持理智，以自己的理想为最终目标，不要为途中荆棘迷途而屈服。欲成大事者一定要记住这一点，在事业的开创中，以此为鉴，记住柔亦可克刚，学会耐住委屈的习惯。只有这样，才有可能在成功的路上始终前进，不会半途而废。始终不能忘记，忍耐的目的：退后一步，为了以后能够前进十步。

6. 能忍耐，眼光长远钓大鱼

> 如果你没有耐性，或者是没有长远的眼光，只是惦记着眼前的微小利益，急功近利，那么，你永远都钓不到让你意想不到的"大鱼"。

喜欢去钓鱼的人都明白这样一个道理，把线放长，才能钓到大鱼。将这个道理运用于做事中，也几乎是丝毫不差，放长线，就是做事要能熬，不能想一下子就成功。而反复的松线紧线，则是要能忍，在事情还不是十拿九稳的情况下，耐心等待。只有这样才可能最终成功地钓到这条"大鱼"。

唐朝时，京城中有位窦公，特别聪明，极善理财，但他财力绵薄，难以施展赚钱本领。没有办法，他只好先从小处赚起。

窦公在京城中四处闲逛，寻求赚钱门路。有一天，他来到郊外，却见青山绿水，风景极美，有一座大宅院，房屋严整。一打听，原来是一权要官宦的外宅。他来到宅院后花园墙外。看见一水塘，塘水清澈，直通小河，有水出，有水进，但因无人管理，显得有点凌乱肮脏。这个时候，窦公心想：生财路终于来了。

生财之路就是面前的水塘。水塘主人觉得那是块不中用的闲池，就以很低的价钱卖给了他。窦公买到水塘，又借了些钱，请人把水塘砌成石岸，疏通了进出水道，种上莲藕，放养上金鱼，围上篱笆，种上各种名花。

第二年春，那名权要宦官休假在家，逛后花园时闻到花香，到花园后一看，直馋得他流口水。窦公知道鱼儿上钩了，立即将此地奉送。

这样一来，一来二往，两人就成了朋友。

一天，窦公装作无意地谈起想到江南走走，宦官忙说："我给您写上几封信，让地方官吏多加照应。"窦公带了这几封信，往来于几个州县，贱买贵卖，不几年便赚了大钱，而后又回到京城。

不久他又看中了皇宫东南处一大片低洼地。那里因地势低洼，地价并不贵。窦公买到手之后，雇人从邻近高地取土填平，然后在上面建造馆驿，专门接待外国商人，并极力模仿不同国度的不同房舍形式和招待方式。所以一经建成，便顾客盈门，连那些遣唐使们也乐意来住。同时又辟出一条街来，多建妓馆、赌场甚至杂耍场，这条街顿时繁荣起来，变成了"长安第一游乐街"，日夜游人爆满。没有几年，窦公挣的钱数也数不清，一跃成了海内首富。

窦公为了钓到宦官，不惜血本作钓饵，又耐性极好，鱼儿上了钩浑然不知觉。他的这种"钓鱼"技巧很是高明。窦公的事例说明，只要你耐心地等待，创造机会，成功迟早都会降临到你的身上。

纵观这位窦公的"钓鱼"功夫，不能不让人心服口服，所以说做事时一定要将目光放远，注重长远利益。同时，我们这里的所谓"大鱼"还须要钓者的慧眼识得，即做事中目光必须准确，这才能让长久的耐心不致得不偿失。如果你没有这样的耐性，或者是你的眼光并不长远，只是惦记着眼前的微小利益，急功近利，那么，你永远都钓不到让你意想不到的"大鱼"。

人们常说，"忍字头上一把刀"，在很多人看来，忍耐都是一件特别辛苦和残酷的事。想要做的事情不能做，想要说的话也不能说。但是，另一方面，忍也是一种眼光的体现，而能忍就说明了事情不是一时之事，而要从长计议，以待时机成熟，才能再"揭竿而起"。其实，忍更是一种胸襟的体现。只有忍得住寂寞，才能把冷板凳坐热，才能钓到梦寐以求的"大鱼"。

7. 能屈能伸，获益无穷

中国人向来提倡"以忍为上"、"吃亏是福"，这是一种玄妙的处世哲学。常言道：识时务者为俊杰。所谓俊杰，并非专指那些纵横驰骋如入无人之境，冲锋陷阵无坚不摧的英雄，也应当包括那些看准时局，能屈能伸的处世者。

不少人一遇不平，就会为了所谓的"面子"和"尊严"，而与对方搏斗，有些人因此一败涂地，有些人虽然获得"惨胜"，却也元气大伤！所以，匹夫之勇，百害而无一利；百忍成金，才能成就大业。

人们对越王勾践忍辱偷生的故事几乎耳熟能详。公元前494年，吴越两国在太湖大战。军力较强的吴国大败越军，越王勾践被迫带着妻子和大臣范蠡去吴国做人质。在吴国期间，抵达吴都，夫差有意羞辱勾践，让他们住在其父阖闾坟墓旁的一间石屋里守坟喂马，有时骑马出门还故意要他牵马在国人面前走过。面对这种情况，勾践忍辱负重，自称贱臣，对吴王执礼极恭，吃粗粮、睡马房、服苦役，小心伺候夫差，做到百依百顺，养马、除粪、洒扫。甚至夫差生病期间，勾践就前去问候，还掀开马桶盖观察夫差拉的大便，体贴夫差的病情。勾践的"问疾尝粪"行为博得了吴王夫差的欢心。时间过去3年，由于勾践尽心服侍，取得了吴王的信任，使夫差认为勾践已真心臣服，于是决定放勾践夫妇和范蠡回国。

勾践念念不忘在吴国所受的屈辱，一面卧薪尝胆，磨练意志。为使国家富强，勾践亲自参加耕种，夫人也自己织布，来鼓励生产。由

做人赢在获得人心

zuo ren ying zai huo de ren xin

于战争越国人口减少，勾践制定鼓励生育的制度，以增加人口。并任命文种负责管理国家大事，范蠡负责练兵。勾践虚心接受别人的意见，与百姓同甘共苦，深得人心。五年后，越王勾践亲率大军征伐吴国，打败了吴军主力。又过了四年，越军终于攻下了吴国的都城，灭了吴国，杀死了夫差。

现实生活是残酷的，很多人都会碰到不尽如人意的事情。残酷的现实需要你对人俯首听命，这种时候，你必须学会隐忍。要知道，敢于碰硬，不失为一种壮举。可是，胳膊拧不过大腿，硬要拿着鸡蛋去碰石头，只能造成无谓的牺牲。

古人说："小不忍则乱大谋。"忍耐精神是一个人个性意志坚定的表现，更是一种为人处世的谋略。人的一生，难得事事如意，学会忍耐、婉转退却，可以获得无穷的益处。在人际交往中，如果我们能舍弃某些蝇头微利，也将有助于塑造良好的自我形象，获得他人的好感，为自己赢得友谊和影响力。

第七章
必要时"糊涂"一点，智慧做人

　　难得糊涂，是人生的一种大智慧。在纷繁复杂的社会中，得糊涂时且糊涂，难得糊涂才是真正的智者。鲁迅先生曾说过："所谓'难得糊涂'实际上是最清醒不过了。正因为看得太明白、太清楚、太透彻，出于某种原因，不得不装起糊涂来……"当然，我们还要做到小事糊涂，大事不糊涂。糊涂不是真傻，而是精明做人的一种谋略与智慧。大智若愚，这才是成功者的为人处世之道。太刚易折，必要时"糊涂"一点，是一种聪明的做人哲学。

1. 大智若愚，糊涂人聪明一世

> 做人固然不能玩世不恭，游戏人生，但也不能太较真，认死理。"水至清则无鱼，人至察则无徒"，太认真了，就会对什么都看不惯，把自己同社会隔绝开。

清代著名的书画家郑板桥在自己奋斗了一生即将离去之时，留下了"难得糊涂"这一名训，其中隐含了非常深刻的做人做事的道理。人应该学会聪明，学会生存之道。但不是学小聪明，小聪明的人能聪明一时而不能聪明一世。

大智若愚，表面上糊涂的人，虽不计一时的得失却能聪明一世，明哲保身，始终立于不败之地，在人性的很多领域就是这种现象。正所谓，聪明人聪明一时，糊涂人聪明一世，讲的就是这个道理。

在人生的道路上，我们必须时刻保持清醒。谁是我们的朋友？谁是我们的对手？可以依靠谁，不可以依靠谁？应该怎么去战胜对方？应该怎么去上台阶？对于这些问题，我们不能不清醒。这是生活的一个方面，也是我们起码的生存条件。离开了这些认识，我们将生活在一片盲目之中而不知所措，最终将被世人击败。

所以，在现实的生活中，糊涂与清醒是相对应的。清醒意味着理智与理性，要想在人生的道路上行走必须保持着清醒的头脑，这样才不至于决策失误，才能更好地实现自己的目标。那么这样说"糊涂"自然无它的领地了？不，有，尽管很少，所以才难得。

聪明的读者，但愿你能聪明一世，而不要聪明一时，也不要糊涂一世。既然难得糊涂，那就不应该多，适可而止为最佳。要知道"水至清则无鱼，人至察则无徒"的道理。

有时糊涂会比聪明好，萧何便是很好的例子。当年与刘邦共打天下的各位有功之臣，都非无能之辈。而最后皆被刘邦和吕氏疏远和加害，唯有萧何能安度晚年，为何？萧何确实有一副难得的糊涂。他从来对一些大事持漠不关心的态度，这样刘、吕便放松了对他的注意，从而聪明地保全了自己。上级毕竟有他的权力，一旦你表现出才智超过他，他便有一种不安全的感觉，他不会让你长期这样下去的，可以说这是人性的弱点，如果你是位特聪明的人，你就更应该注意保护自己，不要处处张扬你的聪明和才智，要尽量装得糊涂一点，装得不如你的上司，让他获得一种优越感，让他陶醉于他的成就之中，而你则小事糊涂一点，大事注意一点就行了。

这样的人物在古今中外的历史上并不少见。他们"难得糊涂"的做人方法值得后来人终身学习。有位智者说，大街上有人骂他，他连头都不回，他根本不想知道骂他的人是谁。因为人生如此短暂和宝贵，要做的事情太多，何必为这种令人不愉快的事情浪费时间呢？

人非圣贤，孰能无过。与人相处就要互相谅解，经常以"难得糊涂"自勉，求大同存小异，有度量，能容人，你就会有许多朋友，诸事遂愿；相反，"明察秋毫"，眼里不容半粒沙子，过分挑剔，什么鸡毛蒜皮的小事都要论个是非曲直，容不得人，人家也会躲你远远的，最后，你只能关起门来"称孤道寡"，成为使人避之唯恐不及的异己之徒。古今中外，凡是能成大事的人都具有一种优秀的品质，就是能容人所不能容，忍人所不能忍，善于求大同存小异，团结大多数人。他们极有胸怀，豁达而不拘小节，大处着眼而不会目光如炬，从不斤斤计较，纠缠于非原则的琐事，所以他们才能成大事、立大业，使自己成为不平凡的伟人。

不过，要真正做到不较真、能容人，也不是简单的事，需要有良好的修养，需要有善解人意的思维方法，需要从对方的角度设身处地地考虑和处理问题，多一些体谅和理解，就会多一些宽容，多一些和谐，多一些友谊。比如，有些人一旦位居权重，便容不得下属出半点毛病，动辄捶胸顿足，横眉立目，属下畏之如虎，时间久了，必积怨

成仇。想一想天下的事并不是你一人所能包揽的，何必因一点点毛病便与人斗气呢？可如若调换一下位置，挨训的人也许就理解了上司的急躁情绪。

做人是一门学问，甚至是用毕生精力也未必能参破其中因果的大学问，多少不甘寂寞的人不断追问，试图领悟到人生真谛，塑造出自己辉煌的人生。然而人生的复杂性使人们不可能在有限的时间里洞明人生的全部内涵，但人们对人生的理解和感悟又总是局限在事件的启迪上，比如，做人不能太较真便是其中一理，这正是有人活得潇洒，有人活得累的原因之所在。

做人固然不能玩世不恭，游戏人生，但也不能太较真，认死理。"水至清则无鱼，人至察则无徒"，太认真了，就会对什么都看不惯，连一个朋友都容不下，把自己同社会隔绝开。镜子很平，但在高倍放大镜下，就成凹凸不平的山峦；肉眼看很干净的东西，拿到显微镜下，满目都是细菌。试想，如果我们"戴"着放大镜、显微镜生活。恐怕连饭都不敢吃了。再用放大镜去看别人的毛病，恐怕别人罪不容诛、不可救药了。所以，糊涂一点方为做人的上策。

2. 糊涂处世，大事面前不糊涂

> 我们在待人处世时，有的事不必搞得太明白，只要大家心知肚明就可以了。俗话说：看透别说透，才是好朋友。但是，有的事情，就不能糊涂，就要细细地问清楚，才作出决定。正是要不要糊涂还要看是什么事情。

一个人总会面临一些大事，应该持什么样的态度呢？当然是绝不能犯糊涂病。为什么这样讲呢？一个人的周围总有各种类型的人，其中一类人，总爱嫉贤妒能，算计人、陷害人。必须对这些人提高警惕，防患于未然，关键时刻犯糊涂病就等于是在害自己。

吕端是宋太宗时的宰相，他为人识大体，顾大局，很有办事能力，深得太宗赏识。太宗说他"小事糊涂，大事不糊涂"。不久，他便将相位让给寇准，退位参知政事。

当时，宋太宗赵匡义病重时立第三子赵恒为皇太子。在公元997年，太宗驾崩。围绕谁来即位的问题，宫内多有不同意见。当时，皇太子赵恒年已29岁，聪明能干，办事有方。但他是太宗的第三子，没有即位资格，这就引起其他王子与大臣的忌妒和憎恨。但吕端却是站在赵恒这一边的。他决心遵照先帝旨意，拥立赵恒即位。当然，他也就对宫中的一些情况细心观察。

正当太宗驾崩举国祭丧之时，太监王继恩、参知政事李昌龄、殿前都指挥使李继熏、知制诰胡旦等人，却暗地里密谋，准备阻止赵恒即位，而立楚王元佐。吕端心中有所警惕，但具体情况却并不清楚。李皇后本来也不同意赵恒即位。所以，李皇后命王继恩传话召见吕端时，吕端心头一怔，便知大事有变，可能发生不测。一想到这里，吕端便决定抢先动手，争取主动。他一面答应去见李皇后，一面又将王继恩锁在内阁，不让他出来与其他人串通，并派人看守门口，防止有人劫持逃走。

之后，吕端才毕恭毕敬地来见李皇后。李皇后对吕端说："太宗已晏驾，按理应立长子为继承人，这样才顺应天意，你看如何？"吕端却说："先帝立赵恒为皇太子，正是为了今天，如今，太宗刚刚晏驾，将江山留给我们，他的尸骨未寒，我们哪能违背先帝遗诏而另有所立？请皇后三思。"李皇后思虑再三，觉得吕端讲得有道理，况且，众大臣都在竭力拥立皇太子赵恒，李皇后也不好违拗，便同意了吕端的意见，决定由皇太子赵恒继承皇位，统领大宋。众大臣连连称是，叩首而去。

吕端至此还不放心，怕届时会被偷梁换柱。赵恒于公元998年即位为真宗，垂帘引见群臣，群臣跪拜堂前，齐呼万岁，唯独吕端平立于殿下不拜，众人忙问其故。吕端说："皇太子即位，理当光明正大，为何垂帘侧坐，遮遮掩掩？"要求卷起帘帷，走上大殿，正面仔细观望，知是太子赵恒，然后走下台阶，率群臣拜呼万岁。至此，吕端才真正放了心。赵恒从此开始执政25年。

史官对吕端评价很高，宋史评论道："吕端谏秦王居留，已见大器，与寇准同相而常让之，留李继迁之母不诛，真宗之立，闭王继恩于室，以折李后异谋，而定大计；既立，犹请去帘，升殿审视，然后下拜，太宗谓之大事不糊涂者，知臣莫过君矣。"

在这里提到的"大事不糊涂"，当为一种待人处世之道，其中的理由是：一个人可在小事上糊涂，但必须在大事上明白，这样才不会有大的闪失。

不论是大糊涂与小糊涂，还是真糊涂与假糊涂，目的只有一个，就是怎样不误入失败的陷阱，而清醒为人处世，力图实现自己的目的。但是，这就需要一个人的应变能力和反应力，何事应糊涂，何事不应糊涂，只要在大事上不糊涂，把握好自己的人生方向，不计小节，那么你就离自己的成功不远了。

3. 糊涂是一种做人的智慧

"难得糊涂"也是做人的一种"智慧",也是成功的一种虚怀若谷的心态。做人要学会难得糊涂,才会真正的清醒,才会有大气度,才会清静,才会有宽容之心。

时间飞逝,历史发展到今天,呈现出纷繁复杂、变幻万千的万花筒般的景象,在这样光怪陆离的大千世界里,很多人处在爱情失败的痛苦、事业未竟的悲哀、人际关系复杂的苦恼与管理头绪的混乱之中,世界虽未走到尽头,但失望、沮丧、痛苦的情绪却笼罩了这个纷乱的世界,于是乎,"难得糊涂"的书法作品四海泛滥,"糊涂经"的学问五洲广为流传。

自清朝文坛奇人郑板桥写下"难得糊涂"这一千古不朽的四字之后,"难得糊涂"便成了许多人的人生箴言、座右铭和行动指南。很多人都把糊涂看成是一种做人的智慧,一种豁达的心态。就如同世上许多事,本没有搞那么清楚的必要,偶尔糊涂一下又有什么大碍呢?

然而,对于糊涂学这一古老的命题阐释,正可谓"百家争鸣"、各有千秋。其实,糊涂学并非神秘的高深莫测的学问,可以说,它是人生随处可见的学问,回望我们祖先所创造的灿烂的传统文化,他们早已为我们解决了这个困惑,提供了各有侧重而又相互贯通的答案。

道家说:"'无我'是糊涂。"

儒家说:"'限我'是糊涂。"

佛家说:"'忘我'是糊涂。"

兵家说:"'胜我'是糊涂。"

其实，糊涂还是来源于中国人根深蒂固的世界观。人们一向认为混沌就是世界的本源。在东方，中国有盘古开天辟地之说，有夸父身化万物之说，说明世界原本是混沌一片，无所谓天与地，亦无所谓有真假；现代科学也论证了，最初的地球上没有空气与生命，最原始的生命体在雷电中产生，在海洋中生存发展，而后才进化成现在这样的大千世界。

人类社会的发展也是从混沌空间走向明晰和精确：物理化学的缜密实验和论证、数字逻辑的严密、仪器仪表的精确完美。但是就在这精确与严密中，人们发现了人生的苍白与无奈，连人也成了一部精确的机器，凡事斤斤计较，凡事追求因果必然。过分追求精确，却让人们越来越苦恼，压力越来越大。

一切都清楚明白使事实反而更加苍白无力，反而，雾里看花的效果才是最好的。在艺术审美中，所谓的"神秘"和"空灵"，所谓的"尽在不言中"，所谓的"不着一字，尽得风流"，正是模糊朦胧产生的巨大效果。

追求精确是没有止境的，研究物质组成，人们发现了分子；深究分子组成，又发现了原子；分析原子结构，又发现了电子和原子核，今后还会有人继续研究下去，但世界的无极与太极，使人们犹如闻到香味而去追寻黄油一样，无休止地追求下去，但每前进一步都将显得更艰难和代价的昂贵，人们如一架精密仪器在为了寻求准确而工作。

但是，什么才是"精确"，这本身就很模糊，人们认识到"精确"的无限，于是转而研究模糊，这反映了人类认知过程的巨大转变和飞跃。混沌学、模糊理论产生了。人们高兴地发现，精确远不如模糊更符合事物的本原。而且这门科学亦开始应用于洗衣机、电脑信息产业等领域，前景广阔。

由此可见，天道人事，从终极意义而言，无不归于混沌，归于糊涂。人类的总体认知过程也是如此，包括世界本身恰似一螺旋：从混沌开始，归于混沌，中间走过了数字和精确。科学正返璞归真。

做人要学会难得糊涂，才会真正的清醒，才会有大气度，才会清静，才会有宽容之心。说到这里，你总会明白了吧？我们说的"难得

糊涂"其实就是不糊涂。所以，"难得糊涂"也是做人的一种"智慧"，也是成功的一种虚怀若谷的心态。

　　仁者见仁，智者见智，每个人对于糊涂，都有不同的理解，每个人也会悟到不同的真谛。糊涂是大智若愚、宽怀忍让；是宠辱不惊，是非心外；是与世无争，宁静致远；是居安思危，未雨绸缪；是保静养神，清心寡欲；是得意淡然，失意泰然；是大勇若怯，以柔克刚；是处事不悖，达观权变；是外乱内整，内精外纯；是有所不为，而后有为；是宽容忍让，不计前嫌；是不为物喜，不为己悲；是乐天知命，顺应自然；是淡泊名利，知足常乐；是沉默是金，寡言鲜过；是谤我容之，侮我化之。

做人赢在获得人心

zuo ren ying zai huo de ren xin

4.精明做人就要假糊涂真聪明

老子有云："俗人昭昭，我独昏昏；俗人察察，我独闷闷。"一个人在纷繁复杂的社会中，不仅应该得糊涂时且糊涂，更要真聪明假糊涂。

"难得糊涂"是做人获得人心的高境界，也是成大事的一大法宝。需要注意的是，难得糊涂并不是字面上的简单意思，而是一种深刻的人生智慧。所以，想要大成就，不是真糊涂，而是假糊涂真聪明。如果，一个人总是感觉在世界之上，众人皆浊，唯己独清，众人皆醉，唯己独醒。用这种天真的眼光去看社会，许多人往往会变得愤世嫉俗，牢骚满腹。所以，有时候，还是糊涂点好。

事实上，在为人处世时，许多事情往往都坏在"认真"二字上。有些人对别人要求得过乎严格以至近于苛刻，他们希望自己所处的社会一尘不染，事事随心，不允许有任何一件鸡毛蒜皮的小事不符合自己的设想。一旦发现这种问题，他们就怒气冲天，大动肝火，怨天尤人。

我国台湾地区著名企业家吴三连信奉的是"难得糊涂"的哲学。他说："做事难得糊涂，过分地精打细算，有时仍抵不过天算。钱四脚，人两脚，钱来找人才行，人去找钱就难了。"

吴三连年轻时赴日本商科大学读书，毕业后在报馆当记者，因感到租房子的不便，乃决心要买一栋房屋。第一次存满 3000 日币，不料太太生病，这笔钱只好移去用作医药费，钱花光了，太太的病也好了；第二次又存了 3000 日元，可天有不测风云，因小孩子突然生病，只好用这笔钱来给小孩子治病消灾；第三次再存了 3000 日元，可又万万没有想到一位友人急需要借 3000 日元交保，否则要坐牢，只好又把这笔钱借给朋友急用。从此，他就不再刻意去追逐财富了。

吴三连又说："做事要假糊涂，真聪明。"那么，什么是假糊涂，他也有自己的看法。他认为，假如有部属兴冲冲地向你提供意见时，千万不可只听了一半，就自作聪明地说："这个构想我早就知道了，你不用再讲了。"因为这样一来就会阻碍部属参与表现的机会，想提建议的人也从此不愿意再提了。所以，即使早已知道部属想提什么建议和意见，也要假装糊涂地很耐心地听完部属的建议，做到知无不言，言无不尽。这样，部属才会踊跃多言，新想法才会源源不断地贡献出来。

由此可见，想要成功，并不是一味地糊涂下去，吴三连所说的"做事要假糊涂，真聪明"，可以说是揭示了"难得糊涂"哲学的真谛。从中国历史上来看，假糊涂，真聪明的不乏其人。

人称"竹林七贤"之一的刘伶，也是一个善于假装糊涂，真聪明的人。刘伶之所以要做假糊涂人，是因为他要有所遮饰。自东汉党锢之祸以来，党同伐异，动辄杀人，已是家常便饭，刘伶不傻，当然看得明明白白。正当司马氏倡导儒学时，刘伶却倾慕玄风，大讲无为之化，又同阮籍、嵇康一见如故，"携手入林"。用现在的话说，就是思想上既不能保持一致，组织上又有敌对之嫌，当然就十分可疑，不堪重用了。

《晋书·刘伶传》说他"澹默少言，不妄交游"，刘伶心里明白，便不能不事事小心，处处提防。正是那谨慎小心的表现。他不惜意于文翰，多半也是怕被人抓住了把柄。如果再表现出一副终日纵酒、胸无大志的模样，便更不致引起对手的忌恨。

东汉明帝刘庄的侄子刘睦也是故作糊涂的人。他从小好学上进，读了许多书，喜欢结交有学问、有道德的儒士，与那些只知道吃喝玩乐的公子哥儿志趣不同。有一年年底，他派一名官员去洛阳朝贺，临行前，北海敬王刘睦问前去朝贺的官员说："皇帝如果问起我的情况，你怎样回答？"这位官员回答说："你忠孝慈仁，礼贤下士，深得百姓爱戴。臣虽然不才，怎敢不把这些如实禀告。"

刘睦听后，连连摇头说："你如果这样禀告，就把我给害了！"这位官员不解地问："您为什么这样说呢？"刘睦说："你所说的是我以前的情况。我现在的心境已经有了很大的变化。你见了皇帝后，就说我自从承袭王爵以来，意志衰退，行动懒散，每天除了在王宫与嫔妃饮酒作乐，就是外出狩猎游玩，对正业毫不在意。"

刘睦为什么要说这一番假装糊涂的话呢？是事出有因的。因为在当时，宗室中凡是有些志向，或者广交朋友的，都容易受到朝廷的猜忌，弄不好就会招来杀身之祸。所以在这种情况下，真正聪明的刘睦不得不故做糊涂人，教人说出那番话，实际上是一条假痴不癫，明哲保身之计。

同样，要想在商界中成大事，想在自己的人生道路上创造一片辉煌，闯出一片属于自己的天地，更需要小事糊涂，大事明白的精神。老子有云："俗人昭昭，我独昏昏；俗人察察，我独闷闷。"一个人在纷繁复杂的社会中，应该得糊涂时且糊涂，更要真聪明假糊涂，这才是真正的待人处世之道，也是事业成功之道。

明代洪应明所著《菜根谭》中说："大聪明的人，小事必朦胧；大懵懂的人，小事必伺察。盖伺察乃懵懂之根，而朦胧正聪明之窟也。"意思是说，大聪明的人，对小事必模糊不清；大糊涂人，对小事必定会仔细观察。对小事观察入微乃是糊涂的根源，而对小事模糊不清则正是产生大聪明的根本所在。

做人做事，心里要有一个"糊涂"的算盘，该精明时精明，该糊涂时就要糊涂，这样才能使自己更有吸引力。

5. 该糊涂时不要聪明

该糊涂时别明白，绝不是一味地"糊涂"。在处世中，有时故意装糊涂确实能更好地解决一些问题。

在待人处世中，有时需要装糊涂，"糊涂"还是"精明"，很可能成为事关成败的关键因素！

刘备建立起来的蜀汉王朝只统治了42年，就被魏国灭掉了。后主刘禅做了俘虏，他的一家和蜀国的一些大臣，都被东迁洛阳。当时，魏国虽是由曹操的后代做着皇帝，但其大权早已落在了西晋的开创者司马昭父子兄弟的手里。刘禅到了洛阳，司马昭便用魏元帝的名义封他为安乐公，还把他的子孙和原来蜀汉的大臣五十多人封了侯。

按说，当时的晋王司马昭也应该是日理万机的了，有一天，他却大摆酒宴，请刘禅和原来蜀汉的大臣参加。宴会中间，还特地叫了一班歌女演出蜀地的歌舞。

一些蜀汉的大臣看了这些歌舞，想起了亡国的痛苦，伤心得差点儿掉下眼泪。只有刘禅咧开嘴看得挺有劲儿，就像在他自己的宫里一样。

司马昭观察了他的神情，宴会后，对贾充说："刘禅这个人没有心肝到了这步田地，即使诸葛亮活到现在，恐怕也没法使蜀汉维持下去，何况是姜维呢！"

过了几天，司马昭在接见刘禅的时候，问刘禅："你还想念蜀地吗？"刘禅说："在这里很快乐，不想念蜀国。"这就是"乐不思蜀"成语的由来。

跟随刘禅来到洛阳的前蜀国旧臣谷正听说这事儿，连忙求见刘禅说："如果以后晋王（指司马昭）还这么问你，你应该流着眼泪回答说：'父母的坟墓都远在蜀地，一想起这事儿，心里就难过，没有哪一天不思念蜀国的。然后你就闭上眼睛，作出深沉思念的表情。'"

不久，司马昭又问刘禅想不想蜀国，刘禅就如谷正说的那样对答，然后闭上眼睛。司马昭说："怎么竟像是谷正说的话呢？"刘禅吃惊地睁开眼睛，傻里傻气地望着司马昭说："对，对，正是谷正教我的。"

司马昭不由得笑了，左右侍从也忍不住笑出声来。司马昭这才看清楚刘禅的确是个糊涂人，不会对自己造成威胁，就没有想杀害他。就这样，刘禅活到了公元271年，在洛阳去世。

而三国时的蜀将张裔，就是因为不知道收敛自己，在事关性命的当口，应该"糊涂"却表现得比对方聪明而差点丢了小命。据史书记载，张裔，蜀郡成都人，在他担任益州郡太守的时候，当地一个大头领叫做雍闿的背叛蜀国，把他抓起来送到吴国去了。后来吴蜀两国和好，诸葛亮派邓芝出使吴国，要他会谈之后请求孙权释放张裔。张裔被送到吴国好几年，他一直未显露自己的身份、才能。因此，孙权也还只当他是个平常的俘虏呢！于是邓芝一提起，他就同意释放张裔。待到张裔临走的时候，孙权才接见他。一来呢，孙权这人好开玩笑，二来也似乎是要试探一下张裔的才智如何。因而孙权问张裔说："听说蜀地有个姓卓的寡妇，私奔司马相如，你们那儿的风俗为什么这样不讲究妇道呢？"

孙权借了这个发生在蜀地的故事来取笑张裔。但张裔也没示弱，对孙权说："我认为卓家的寡妇，比起朱买臣的妻子来，还是要贤惠一些。"张裔说的也是汉武帝时候的故事，不过发生在会稽郡吴县，有个叫朱买臣的，起初家里很穷，他妻子嫌他寒酸，和他离了婚，后来朱买臣发迹，当了会稽郡太守，他的前妻又来依附他，最后到底感到羞愧，自己上吊死了。张裔用这个故事，对孙权反唇相讥。孙权没占上便宜，又换一个话题，对张裔说："你回去以后，一定被重用，不会做普通老百姓，你打算怎样报答我呢？"张裔巧妙地回避了如何报答孙权的问题，只表示很感激孙权释放他，说："我是作为一个有

罪的人回去的，将要交由有关部门去审理，倘若侥幸不被处死，58岁以前是父母给我的生命，从这以后就是大王您给我的了。"张裔这段话说得很得体，孙权很高兴，谈笑风生，并流露出他很器重张裔的神色。

张裔刚辞别孙权走出宫廷的侧门，就很后悔在孙权面前没能装糊涂。于是立即动身上船，并以加倍的速度航行。而孙权也果然认定张裔是个难得的人才，怕他为蜀汉王朝效力，于自己更为不利，遂改变主意不想让他走了，不能为己所用，也不能让其成为自己的对手。立即派人来追，直追到吴蜀交界的地方，张裔已进入蜀国地界数十里，追兵才无可奈何地回去了。看来，聪明人有些时候也要装装糊涂，装糊涂也是一种智慧，张裔起初没装傻，幸亏他及时意识到了，才得以逃出虎口。

处世之道中的"糊涂"，是该糊涂时别明白，绝不是一味地"糊涂"。在处世中，有时故意装糊涂确实能更好地解决一些问题，特别是夫妻之间有时对待一些问题，糊涂一些是比较好的，它能避免误会，而且能给双方一个充分地冷静下来考虑的时间，从而找出解决问题的最佳途径，尽量少地伤害夫妻感情。

做人赢在获得人心

zuo ren ying zai huo de ren xin

6. 秘密不可声张

> 如果你具备了察言观色的能力，能够发现事情的玄机，那这再好不过了。但是当我们知道了别人都不晓得的事，难免会产生一种优越感，很多人更是迫不及待地把秘密说透，这样做的结果往往是暴露自己，让别人对你加强戒备，对你本身也没什么好处，因此，这是很不明智的做法。

容易说透秘密的人，往往都善于夸耀自己，爱表现，这里就有一个因为夸耀自己有先见之明而导致失败的故事。

魏王的异母兄弟信陵君，在当时名列"四公子"之一，知名度极高，因仰慕信陵君之名而前往的门客达 3000 人之多。

有一天，信陵君正和魏王在宫中下棋消遣，忽然接到报告，说是北方国境升起了狼烟，可能是敌人来袭的信号。魏王一听到这个消息，立刻放下棋子，打算召集群臣共商应敌事宜。坐在一旁的信陵君，不慌不忙地阻止魏王，说道："先别着急，或许是邻国君主行围猎，我们的边境哨兵一时看错，误以为敌人来袭，所以升起烟火，以示警戒。"

过了一会儿，又有报告说，刚才升起狼烟报告敌人来袭，是错误的，事实上是邻国君主在打猎。

于是魏王很惊讶地问信陵君："你怎么知道这件事情？"信陵君很得意地回答："我在邻国布有眼线，所以早就知道邻国君主今天会去打猎。"

从此，魏王对信陵君逐渐地疏远了。后来，信陵君受到别人的诬

陷，失去了魏王的信赖，晚年耽溺于酒色，终致病死。

可见，有先见之明，能顺利地看透对方的本意本没有错，往往可以为你赢得先机，能透视对方的内心，只不过使你得到一种有利武器罢了，更重要的是，你应该如何使用抓在手中的这把利器？如果不懂得使用的方法，只知道手拿利器乱挥乱舞，不但不能击中别人，相反地很有可能伤害到自己，因此切勿乱用这把容易伤人的利器。而正确使用它的方法就是做人要能认清形势，糊涂一点，该装糊涂时绝不表现出聪明，不该开口的时候绝不开口。

还有一个和信陵君情形刚好相反的故事，故事的主人公就是因为虽然看透对方心思，但却故意装糊涂，不予理睬，结果反倒保全了自己。

齐国一位名叫隰斯弥的官员，住宅正巧和齐国权贵田常的官邸相邻。田常为人颇具野心，后来欺君叛国，挟持君主，自任宰相执掌大权。隰斯弥虽然怀疑田常居心叵测，不过依然保持常态，**丝毫不露声色**。

一天，隰斯弥前往田常府第进行礼节性的拜访，以表示敬意。田常依照常礼接待他之后，破例带他到邸中的高楼上观赏风光。隰斯弥站在高楼上向四面眺望，东、西、北三面的景致都能够一览无余，唯独南面视线被隰斯弥院中的大树所阻碍，于是隰斯弥明白了田常带他上高楼的用意。

隰斯弥回到家中，立刻命人砍掉那棵阻碍视线的大树。

正当工人开始砍伐大树的时候，隰斯弥突又命令工人立刻停止砍树。家人感觉奇怪，于是请问究竟。隰斯弥回答道：

"俗话说'知渊中鱼者不祥'，意思就是能看透别人的秘密，并不是好事。现在田常正在图谋大事，就怕别人看穿他的意图，如果我按照田常的暗示，砍掉那棵树，只会让田常感觉我机智过人，对我自身的安危有害而无益。不砍树的话，他顶多对我有些埋怨，嫌我不能善解人意，但还不致招来杀身大祸，所以，我还是装着不明不白，以求保全性命。"

俗话说：**看透别说透，才是好朋友**。有时，说透了不仅仅是伤和气的事，还有可能招来意想不到的祸患。

7. 小事糊涂，大事不能糊涂

> 做人不能不精明，但不能精明过头，该精明时精明，
> 该糊涂时糊涂，这才是真正的聪明。

一个人要想成大事，就不能对什么事都斤斤计较，要该糊涂时糊涂，该精明时精明。"吕端大事不糊涂"，说的正是小事装糊涂，而在关键时刻，才表现出大智大谋。

中国古代这样的大智若愚者有很多。

宋代宰相韩琦以品性端庄著称，遵循着得饶人处且饶人的生活准则，从来不曾因为有胆量而被人称许过，可是在下面两件事上的精明果断，实在是没有第二个人可比。这才是"真人不露相"的典范。对于这样的老好人谁会防范呢？他因此而得以在无声无息中做了这两件大事：

当宋英宗刚死的时候，朝臣急忙召太子进宫，太子还没到，英宗的手又动了一下，宰相曾公亮吓了一跳，急忙告诉宰相韩琦，想停下来不再去召太子进宫。韩琦拒绝说："先帝要是再活过来，就是一位太上皇。"韩琦越发催促人们召太子，从而避免了权力之争。

担任大内都知职务的任守忠很奸邪，反复无常，秘密探听东西宫的情况，在皇帝和太后间进行离间。韩琦有一天出了一道空头敕书，参政欧阳修已经签了字，参政赵概感到很为难，不知怎么办才好。欧阳修说："只要写出来，韩琦一定有自己的办法。"韩琦坐在政事堂，用未经中书省而直接下达的文书把任守忠传来，让他站在庭中，指责他说："你的罪过应当判死刑，现在贬官为蕲州团练副使，由蕲州安

置。"韩琦说完拿出空头敕书填写上，派使臣当天就把任守忠押走了。

要是换上另外的爱耍弄权术的人，任守忠会轻易就范吗？显然不会，因为他也相信韩琦一贯诚实的说法，不会怀疑其中有诈。这样，韩琦轻易除了蠹虫，而仍不失忠厚。所以大智若愚实在是一种人生的最高修养，也是一种做人的谋略，大智若愚的人能获得更多成长的机会。

另一个晋代人谢万，是谢安的弟弟。曾经和蔡系争一个座位，蔡系把谢万从位子上推了下去。谢万慢慢站起来，拍拍衣服，边坐回座位上，边说："你差点儿弄伤我的脸。"蔡系说："本来就没有考虑到你的脸。"后来两人都没有把这件事挂在心上，当时人们都称赞他们。

韩琦、谢万之流都是老谋深算、"大智若愚"之人，在处理事情的过程中，受侮受损的一方都没有为自己的损失而大发其怒，记恨于心，相反地，都表现出宽宏大量、毫不计较的美德和风度。结果得到了大家的敬重，也使伤人者感到无地自容。

大智若愚，从某种角度来说，也可理解为小事愚、大事明。对于个人来说是一种很高的修养。所谓愚，是指有意糊涂。该糊涂的时候，就不要顾及自己的面子、自己的学识、自己的地位、自己的权势，一定要糊涂。而该精明、清醒的时候，则一定要精明。由精明而转糊涂，由糊涂而转精明，不为烦恼所扰，不为人事所累，这样你必能从容处世，拥有幸福、成功的人生。

历史的经验告诉我们，做人要成功获得人心就必须大事精明，小事糊涂，不能斤斤计较、事事精明，那样只会招人讨厌。因为人与人情感的沟通和交流是心的交流，如果做人过于精明，就不能在交际方面获得人心。这样精明的结果，只能让自己成为孤家寡人。

做人赢在获得人心

zuo ren ying zai huo de ren xin

8. 理解"糊涂"之真谛，赢得他人感激

> 对他人无意的过失，装装糊涂不去较真，既可以避免不必要的麻烦，还可以赢得他人的感激，这不失为一箭双雕之举。

聪明的人都懂得适时装糊涂，有时若表现得太过聪明，就会招来很多的麻烦，甚至是生命的威胁。然而装糊涂并不是一味地糊涂、真正的糊涂，而是"人说你精明，其实你糊涂；人说我糊涂，其实我清醒"，在该糊涂的时候绝不显聪明的"糊涂之举"。只有这样，才能让自己立于不败之地。

清代著名的大学士纪晓岚就是因为精通"糊涂之术"，才获得了一生的安详。

纪晓岚因为受到皇上的重用，经常担任一些重要的官职，直到他79岁高龄的时候，应皇上之邀，还再次担任当时的会试考官。在此之前，他已两次充任会试正考官以及两次乡试主考官，还曾被任命为武科会试正考官。对于每次主考，他都谨慎从事，严防出错，为了表达自己的这种心境，他还感慨地写下这样的诗句：

三度来登凤敲堂，萧疎两鬓已如霜。

袁翁宁识新花样，往事曾吟古战场。

陆贽重临收吏部，刘几再试遇欧阳。

当年多少遗才憾，珍重今操玉尺量。

诗中大意是自己要谨慎从事，慎重取人之心，但事情总是不遂人愿，偏偏就在他最后的一次主考中，尽管他很小心谨慎地做事，但还

（第七章 必要时『糊涂』一点，智慧做人）

· 171 ·

是出了一点小小的麻烦，把事情弄大了。

原来，在考试结束后，按照当时的大清律例，在经过斟酌之后，阅卷官们确定前几名的名单和次序，并对试卷批有详细评语。这是绝密信息，不到发榜的那天，参加会试的人谁都不可能知道的，可就在这一环节上出现了纰漏，这些情况都被一一泄露了出去，他们甚至都知道了纪晓岚的评语，这在当时可是一件大事，顿时京城就像炸开了锅一样，引来了各种各样的议论之声："试卷诗失等题榜，怎么漏了出来？……""前几名莫非有考官的亲戚？"有人推测说。"说不定啊，有钱能使鬼推磨，现今营私舞弊的人太多了！"又有人附和道。这些话很快就传到了纪晓岚耳朵里，他觉得此事非同小可。

按照当时的科考规定，泄密之人肯定是大罪难逃，不仅丢官、蹲监狱，甚至还要被杀头。有关人员也难逃其咎，而纪晓岚当时正是正考官之一，他理应负责，自然也就脱不了干系。大清历史上这样的例子着实不少，牵连之广，处罚之严厉，可谓触目惊心。此次科场风波如不妥善处理，势必将引发一场大的灾难。考虑到这个问题的严重性，纪晓岚悄悄把另一名正考官左都御史熊枚和副考官内阁学士玉麟、戴均元找来，共同商讨此事。

熊枚首先说道："被取之学子与诸考官都没有任何的亲戚关联，一律秉公取录。即便另有私情，也只会保密，没有人这么傻会泄密的。"

"泄露此事一点目的都看不出，也可能是事出偶然。"感到迷惑不解的戴均元随即说道。

纪晓岚此时也觉得此事甚是蹊跷，泄露名单次序这些问题，无非是想把水搅浑而已，但将所有的情况都泄露出去，这样对谁都没有好处，因此纪晓岚推断可能是其中有人无意中出错。经过反复权衡，他最后决定把这件事情的责任全部揽在自己头上，毕竟自己是主考官，倘若自己揽了全部责任，这样对同僚、对自己来说都是一件好事。于是他坦然地对他们说道："此事待我去面见圣上。"

此时的嘉庆帝早已得到禀报，虽然心里很恼火，但也不明白一向小心谨慎的纪晓岚为何会出现这样的事，于是他很想听听纪晓岚的解释，他下令追查，却又把纪晓岚召来问话："老爱卿，此事系

何人所为？"

"启禀圣上，臣即是泄露之人。"纪晓岚很平和地说。

"啊，你——"嘉庆皇帝听后非常吃惊，虽然他在这之前有千万种假设，可是却没有想到纪晓岚会有这种回答，他知道纪晓岚向来办事谨慎，这种事绝不会出在他身上，他这么说分明就是另有隐情，于是接着问道："卿又何故泄露呢？"

只听纪晓岚慢条斯理地说道："只怪老臣书生意气，每得佳作，便将其反复吟咏，此次会试，老臣发现其中不少佳作，便时时吟咏，难免在与朋友谈论中漏出几句。只是此事事出无意，如圣上动怒，老臣则甘愿领罪，只求圣上开恩，不要牵连他人。"

嘉庆皇帝也不是傻瓜，自然明白纪晓岚的用意，他无非是要消解此事。嘉庆皇帝见事情仅仅是偶然出错，怒气也就消了一半，随即下令撤回追查此案的大臣。一场即将掀起的会试大风波，在纪晓岚巧妙地周旋下平息了下去。最后那些参与此科会试的大小官员个个都对纪晓岚感激不尽，至于那真正泄密的人，虽不敢明言，他的感激肯定也是至诚至深的。

从纪晓岚身上我们可以明白地知道这一点：在装糊涂时，既要让对方明白自己的心意，接受自己的主张或者是建议，又要表现得心如止水，像什么事情都没发生一样，这是一门很深奥的学问，需要用时间和眼睛来解读。只有这样才能让你的生活更加地风平浪静。

9. 做人要善于糊涂，乐于糊涂

糊涂做人也是人生的一门艺术和智慧，是一种很难把握的做人技巧，所谓花要半开，酒要微醉。聪明的人在生活中都善于糊涂，乐于糊涂。

人生本来就是真实与虚幻，感性与理性的结合体，人生之所以美妙就是因为既有朦胧之美，又有清晰之美。正因为朦胧也是一种美，因此糊涂做人也是一门艺术和智慧。

人生是一个和谐而矛盾的统一体，要紧张也要松弛，要聪明也要愚笨。美好人生，更是离不开聪明和智慧，但聪明与智慧有时却是要通过"糊涂"来体现。俗话说："水至清则无鱼，人至察则无徒。"说的就是要把目标放在大事上，对那些小事不能太过于"认真"，要留一半清醒，留一半醉，最好能做到糊涂做人，精明做事，这样才能在亲友间、邻里间、同事间如鱼得水，生活也变得轻松而愉快。这时候的糊涂反而是一种聪明。

鲁迅先生说过："所谓'难得糊涂'实际上是最清醒不过了。正因为看得太明白、太清楚、太透彻，出于某种原因，不得不装起糊涂来……"可见，糊涂有时才是具备大智慧的表现。糊涂是"留一半清醒，留一半醉"的人生境界。我们做人，要善于糊涂，乐于糊涂。

古时候，一个老人领着小孙子去吃饭，进了一个由没念多少书的人开的小饭馆。一进门，老板就拿着一个字问他们念什么，老人连连摇头说不认识。小孙子很奇怪，因为那是个很好认的字，就顺口地说了那个字念"真"。老板突然变得很生气，大骂他是个无知的小孩，什么都不懂就在那里乱说，就把他们赶了出去。

看来孩子太小，还不知道生活中很多事情是不能太认"真"的。做人就要像老人那样，做一个大智若愚的"粗人"。而现实生活中，很多人都是遇到一点小事，就要剑拔弩张，不给一种说法就不罢休。结果是大家都不好收场，彼此成为仇人。

本来两个人家相处得很好，一次街道办检查卫生发现两家中间的走廊里有一小包垃圾，两家都死不认账，后来争吵到了白热化的程度，不仅两家都被罚了款，两家多年的邻里关系也因此破裂了。

不过是一包垃圾，扔垃圾的不承认我们说他没有公德心，如果没扔垃圾的装点小糊涂承认了，这事也就解决了，没准这还会让对方不好意思，从而两家的关系更好。看来生活中无关紧要的小事最好能闭一只眼就闭一只眼。

故意装糊涂有时也是聪明的表现。那些能把糊涂的智慧玩得很高明的人，外人是看不出真假的，就像有的人说的那样："一个人小聪明大糊涂是真糊涂假智慧，而大聪明小糊涂乃假糊涂真智慧。"

因此，那些糊涂的聪明人大都把大智若愚作为处理小事情的妙法。例如生活中，很多领导就能做到难得糊涂，他们往往心胸开阔，不计较个人的得与失，为人慷慨大方，特别遇到人际纷争时，能使大事化小，小事化了，就可以时时处处有好人缘，还会给人一种可敬可亲可爱的感觉，从而赢得下属的好感和信任，更有利于自己工作的开展。

可见，人生难得糊涂，能够做到糊涂，也是一种大聪明。糊涂并非自我欺骗，或自我麻醉，而是有意地装傻。该糊涂的时候，就不要顾及自己的面子、自己的学识、自己的地位、自己的权势，一定要糊涂。

就像阿雷蒂诺说的："人不会装糊涂，就不懂得如何生活……"是的，会生活的人都会在合适的时候放下自己的"精明"，装装糊涂，充充愣。

大智若愚，这实在是做人的一种极高境界，我们做人要有自己的

一套，在现实生活中，就要向着这个目标提升自己，如此，必可左右逢源，不为烦恼所扰，不为人事所累，这样便会有一个幸福、快乐、成功的人生。难得糊涂，贵在糊涂，乐在糊涂，不会装糊涂，就不会真正做人，不懂得如何生活。

10. 留一半清醒，留一半醉

> 人一生要经历的事情太多，如果事事都要认真盘算，
> 势必会使自己筋疲力尽。所以，在一些小事上最好糊涂一
> 点，要做到留一半清醒，留一半醉。

说来容易做起来难，能够做到"糊涂"的人其实非常有限，因为
大部分人无法达到超然的境界，他们被琐事困扰与牵绊着。

糊涂看世界，留一半清醒，留一半醉。这就要求人们在观察社会
上的大事小事时，对一些不要紧的事情糊涂处之，而涉及至关重要的
原则性问题时要清醒对待。如对待个人的名利，该糊涂时糊涂，该聪
明时聪明，在糊涂与聪明之间，不能丧失做人的原则和起码的人格。

大肚弥勒佛能"笑天下可笑之人，容天下难容之事"，然而，纵
观古今，达到这种境界，拥有这种智慧的人也有很多。晋代的裴遐就
是其中之一。

有一次，裴遐到东平将军周馥的家里做客。周馥命家人设宴款待
裴遐，他的司马负责劝酒。由于裴遐下围棋正在兴头上，司马递过来
的酒没有及时喝，为此司马非常生气，以为裴遐是故意怠慢他，顺手
便推了裴遐一下，不料裴遐没有留意，被推倒在地，其他人见状都吓
了一跳，以为裴遐会难忍这种"羞辱"而对司马勃然大怒。谁知裴遐
慢条斯理地爬起来，神情自若，好像什么事情都没有发生一样继续与
人下棋。后来王衍问起裴遐，当时为什么还能镇定自如、举止安详。
裴遐回答说："仅仅是因为我当时很糊涂。"

将视线从古人的身上转移到现实生活中，会发现很多人常常因为

一点小事就剑拔弩张、恶言相向，这些人不懂得小事需糊涂的真谛。

有一次，许多老人围在一起下棋、观棋。其中下棋的两位老人，为一步棋而争得面红耳赤，双方互不相让，他骂他是臭棋篓子，他骂他是卑鄙小人，结果大家不欢而散。从此以后，双方成了仇人，再不一起下棋，即使双方见面也彼此翻白眼。

糊涂看世界，留一半清醒，留一半醉。待人处世有时不妨糊涂一些，不要太计较。尤其是在交际会话和发表演说的时候，自找台阶，故作不知，装一装糊涂是非常重要的。英国首相威尔逊在一次发表演说的时候，有一个故意捣乱的人突然大喊道："狗屎！垃圾！"遇到这种无法预防的干扰，如果换为别人，就可能对那个故意捣乱的人大声斥责，或者充耳不闻，但威尔逊却表现出超人的智慧。为了使演讲能圆满成功，威尔逊很镇静地说："这位先生请不要急，你所不满的脏、乱、差问题我马上就会谈到。"通过对捣乱人语言的故意曲解，威尔逊移花接木，安全渡过险滩，使得演说得以顺利进行。由此可以看出，装糊涂也是应对别人刁难的一种好方法。

读书做学问也要"糊涂"。业精于勤，荒于嬉，行成于思毁于随。自古以来读书就提倡一股"傻劲"，视金钱名利如粪土。正所谓："书中自有黄金屋，书中自有颜如玉。"书读好了，一切也都会有。所以读书学习要懂得"糊涂"。大数学家陈景润到大街上不会买菜，地理学家李四光不认识自己的女儿；更有甚者大书法家王羲之在吃饭的时候竟然用馒头蘸墨汁吃，大科学家牛顿煮鸡蛋时竟然煮下了自己的手表。他们都是"糊涂"的典型，却在不同的领域作出了非凡的成就，所以有时"糊涂"能帮我们成就大事。

总之，处世行事没必要事事俱细，大凡聪明之人，都有股"糊涂劲"。大事不糊涂，小事装糊涂对己大有好处。

第八章
低调做人，赢得好人缘

　　我们生活在一个充满竞争的时代，出人头地是很多人的梦想，如果你锋芒太盛，就会引来他人的忌妒，成为众矢之的，这样你就不可能顺利实现自己的理想和抱负。因此，低调做人是有好处的，不要锋芒太露，懂得藏拙，才能为自己赢得好人缘。

1. 低调做人，隐忍处世

> 进退中隐含着深刻的人生哲学，大丈夫要学会相机而动，趋利避祸，这样才不至于错失时机，遗恨终生。所以很多时候，自己明明有才能、有见地、有抱负，但也要懂得深藏不露。

同样具有耀眼的才华，同样在社会中奋发，有的人能卷起万丈狂澜，干起惊天动地的伟业；有的人，则在浪涛中扑打了几下就沉入海底，成了昙花一现的人物；有的人如水面泡沫般瞬间消失，成了来也匆匆、去也匆匆的过客；有的则被波澜冲刷、涤荡再也找不到他的踪影。综观人类社会的历史长河，阅尽古往今来的风云人物，可以发现，凡能够并善于做到不形于色、不形于言，善于隐态藏锋，匿壮示弱者，大都能够顺利走过人间坎坷，不断交上人生红运。

清朝末年的醇亲王奕譞便是个懂得进退的人，他在血雨腥风、瞬息万变的清末政治风云中，不但能保全性命，成为权重一时的人物。

醇亲王奕譞是清咸丰帝的弟弟，他的福晋（即夫人）是慈禧太后的亲妹妹，因此，他不仅是慈禧太后的小叔子，又是其妹夫，在当时是赫赫有名的七爷。

奕譞年轻时曾热衷于清廷内部权力的争斗，他在热河时就与慈禧太后联合在一起，秘密准备发动政变、惩处肃顺等顾命八大臣的谕旨，回到北京随慈禧太后、六哥恭亲王奕䜣发动"辛酉政变"后，又带领军队夜抵密云捕捉肃顺，为慈禧太后上台垂帘听政立下了汗马功劳，被授予都统、御前大臣、领侍卫内大臣。但是，不久以后

他就看到清廷内部权力斗争的残酷无情，特别是比他功劳更大、地位更高的奕䜣，曾因小过险遭罢斥之祸之后，奕譞的处世态度顿时大为改变，时时事事谦恭谨慎。他特意命人仿制了一个周代的欹器，这个欹器若只放一半水，就可以保持平衡，若是放满了水，则会倾倒，使全部的水都流失掉。奕譞便在欹器上亲自刻了"谦受益，满招损"的铭词。

1874年，同治帝驾崩，无子嗣，慈禧太后召集王公大臣等宣布说，欲立奕譞的儿子载湉为皇帝。听到自己的儿子被选立为皇帝，奕譞不但没有丝毫的兴奋，反而被吓得昏倒在地，抱头痛哭，被人搀扶而出。奕譞及其夫人都深知慈禧太后气量褊狭，待人凶狠无情，就是她的亲生儿子同治帝也时常遭慈禧的责骂虐待，自己儿子一旦为帝，如入虎穴，不但儿子时刻有忤旨杀身之祸，就连他奕譞本人也难免为慈禧太后所疑忌。因为他的儿子做了皇帝，他本人就成了"皇帝本生父"了，本生父虽然与太上皇不同，但如果将来他的儿子大权在握，就有可能把他尊为太上皇，这就会损害慈禧太后的权力，而慈禧太后恰恰权力欲望非常炽烈，这是她万万不能容忍的。为了远避嫌疑，表明自己的心迹，奕譞一面言辞悲悯地恳请罢免一切职务，表示要"丧尽余生，与权无争"；一面秘密地向慈禧太后呈递奏折说，将来很可能有人利用他是清光绪帝本生父的特殊地位，援引明朝皇帝"父以子贵，道遭所尊亲"的例子，要求给他加些什么尊号，如果是这样的话，就应该将提倡建议的人视之为"奸邪小人，立加摒斥"。

奕譞这种深刻的远见和洞察力果然得到了验证，光绪帝即位的第15年，果然有一个官员上疏清廷，请求尊奕譞为"皇帝本生父"。慈禧太后见疏大怒，拿出奕譞以前的奏折为武器下谕痛斥此人以邪说竞进，风波很快便平静了下去。

在我国的封建专制制度之下，伴君如伴虎，尤其是像奕譞这样具有皇帝生父特殊身份的人，更容易遭到慈禧太后的猜忌，稍有不慎，就会大祸临头。奕譞谦虚谨慎，不因自己有功而大肆宣扬，也不以自己是皇帝的生父而沾沾自喜，他做人低调，处世谨慎，不但保全了自

做人赢在获得人心
zuo ren ying zai huo de ren xin

家的性命，而且还赢得了慈禧太后的欢心。

有一句至理名言，叫做"只能你去适应环境而不能让环境适应你"，你纵然有再大的抱负和才华，也只能先隐藏和掩盖起来，隐忍处世，等到时机成熟的时候，再一展自己的才华和抱负，这是为人处世的一个准则，也是会做人能获得人心的一种表现。

第八章 低调做人，赢得好人缘

2.适时示弱，远离忌妒获人心

低调做人，不得罪人，还要获得人心，就要使别人对你有亲近之感，只要你很巧妙地、不露痕迹地在他人面前暴露某些无关痛痒的缺点，出点"小洋相"，表明自己并不是一个高高在上、十全十美的人物，这样就会使人在与你交往时松一口气，不与你为敌。

示弱可以减少乃至消除不满或忌妒。事业的成功者，生活中的幸运儿，被人忌妒是难免的，在一时还无法消除这种忌妒心理之前，用适当的示弱方式可以将其消极作用减少到最低程度。

示弱能使处境不如自己的人保持心理平衡，有利于处世。

交际中，必须善于选择示弱的内容。地位高的人在地位低的人面前不妨展示自己的平常之处，表明自己实在是个平凡的人。成功者在别人面前多说自己失败的记录和现实的烦恼，给人以"成功不易"、"成功者并非万事大吉"的感觉。对眼下经济状况不如自己的人，可以适当诉说自己的苦衷：诸如健康欠佳、子女学业不佳以及工作中诸多困难，让对方感到"家家有本难念的经"。某些专业上有一技之长的人，最好宣布自己对其他领域一窍不通，袒露自己日常生活中如何闹过笑话、受过窘困等。至于那些完全因客观条件或偶然机遇侥幸获得名利的人，更应该直言不讳地承认自己是"瞎猫碰上死老鼠"。

示弱可以是个别接触时推心置腹的交谈，幽默的自嘲，也可以是在大庭广众之下，有意取人之长，补己之短。

示弱有时还要表现在行动上。自己在事业上已处于有利地位，获

做人赢在获得人心

zuo ren ying zai huo de ren xin

得了一定的成功，在小的方面，即使完全有条件和别人竞争，也要尽量回避退让。也就是说，平时小名小利应淡泊些、疏远些，因为你的成功已经成了某些人忌妒的目标，不可以再为一点微名小利引火烧身，应当分出一部分名利给那些暂时处于弱势中的人。

曾有一位记者去拜访一位政治家，目的是获得有关他的一些丑闻资料。然而，还来不及寒暄，这位政治家就对想质问的记者制止说："时间还长得很，我们可以慢慢谈。"记者对政治家这种从容不迫的态度大感意外。

不多时，仆人将咖啡端上桌来，这位政治家端起咖啡喝了一口，立即大嚷道："哦！好烫！"咖啡杯随之滚落在地。等仆人收拾好后，政治家又把香烟倒着插入嘴中，从过滤嘴处点火。这时记者赶忙提醒："先生，你将香烟拿倒了。"政治家听到这话之后，慌忙将香烟拿正，不料却将烟灰缸碰翻在地。

平时趾高气扬的政治家出了一连串洋相，使记者大感意外，不知不觉中，原来的那种挑战情绪消失了，甚至对对方怀有一种亲近感。

这整个的过程，其实是政治家一手安排的。当人们发现杰出的权威人物也有许多弱点时，过去对他抱有的恐惧感就会消失，而且由于受同情心的驱使，还会对对方发生某种程度的亲密感。

示弱能换来更多人的支持；逞强只能增加更多的对手。示弱是比逞强更实用的做人方法。

3. 善于"低头"，善于"藏巧"

树大招风，在大功重赏面前，或身居高位之后，更要善于"低头"，切莫妄自尊大，以免功高盖主，引火烧身。

世界永远存在差别，有强势就有弱势。而猜疑是两者之间永远也说不完、道不尽的话题，而大多数情况下，容易出现在强势者的心里。你有才华固然不是坏事，但要适当的显露，否则，难免触动强者敏感的触角，心生猜疑，那你以后的待遇不会好到哪里去。

一个人拥有高智商、强能力，固然是件好事，可以说，这是上天赐予的良好天赋。有了它，便可以在社会竞争中如鱼得水，游刃有余。然而，由于事物的复杂多样，环境的不断变化，在某些时候，利与弊会不知不觉地转换。这样，就要求我们必须随时以清醒的头脑注意了解自己，掌握对方和周围环境，掂量你的利和弊，而不是一味地凭经验办事。

《阴符经》说："性有巧拙，可以伏藏。"它告诉我们，善于伏藏是制胜的关键。一个不懂得伏藏的人，即使能力再强、智商再高也难以战胜对手，甚至还会招来杀身之祸。

而伏藏又可分为两层：一是藏拙，这是一般意义上的伏藏，也是最常用的。藏住自己的弱点，不给对方可乘之机；而另一种，也是更高明的——"藏巧"。

下面这两个故事就是自己背上"黑锅"以"藏巧"的范例。

战国末期，秦国老将王翦率领 60 万秦军讨伐楚国，秦始皇亲自到灞上为王翦大军送行，王翦向秦始皇提出了一个要求，请求秦始皇赏赐给他大量土地宅院和园林。

秦始皇不明白王翦的意思，不以为然地说："老将军只管领兵打仗吧，哪里用得着为贫穷担忧呢？"

王翦回答说："当国王的大将，往往立下了赫赫战功，却得不到封侯。因此，趁着大王还宠信我的时候，请大王赏给我良田美宅，好作为我的子孙的家产。"

秦始皇听后觉得这点要求微不足道，便一笑了之。

王翦带领军队先进函谷关，心里还惦记着地产的事，接连几次派人向秦始皇提出赏赐地产的要求。

王翦手下的将领们见他率兵打仗还恋恋不忘田宅，觉得不可思议，便问他说："将军如此三番五次地恳请田宅，不是做得太过分了吗？"

王翦答道："不过分，秦王这个人生性好猜疑，不信任人，现在他把秦国的军队全部让我统领，我不借此机会多要求些田宅，以示忠心，难道还要眼看他身居朝廷而怀疑我有二心吗？"

第二年，王翦率领的军队攻下了楚国，俘获了楚王。秦始皇十分高兴，满足了王翦的请求，赏给他不少良田美宅、园林湖池，将他封为武成侯。

汉高祖时，吕后采用萧何之计，谋杀了韩信。高祖正带兵征剿叛军，闻讯后派使者还朝，封萧何为相国，加赐五千户，再令五百士卒、一名都卫做相国的护卫。

百官都向萧何祝贺，只有陈平表示担心，暗地里对萧何说："大祸由现在开始了。皇上在外作战，您掌管朝政。您没有冒着箭雨滚石的危险，皇上却增加您的俸禄和护卫，这并非表示宠信。如今淮阴侯（韩信）谋反被诛，皇上心有余悸，他也有怀疑您的心理。我劝您辞掉封赏，拿出所有家产去辅助作战，这才能打消皇上的疑虑。"

一语惊醒梦中人。萧何依计而行，变卖家产犒赏军队，高祖刘邦果然高兴，疑虑顿减。

这年秋天，黥布谋反，高祖御驾亲征，此间派遣使者数次打听萧何的情况。回报说："正如上次那样，相国正鼓励百姓拿出家产辅助军队征战呢。"

这时有个门客对萧何说："您不久就会被灭族了！您身居高位，功劳第一，便不可再得到皇上的恩宠。可是自您进入关中，一直得到百姓拥护，如今已有十多年了，皇上数次派人问及您的原因，是害怕您受到关中百姓的拥戴。现在您何不多买田地，少抚恤百姓，来个自损名声呢？皇上必定会因此而心安的。"

萧何认为有理，又依此计行事。

高祖得胜回朝，有百姓拦路控诉相国。高祖不但没有生气，反而异常高兴，也没对萧何进行任何处分。

4. 收敛锋芒，韬光养晦

处世经验告诉我们，踏实沉稳的人很容易相处，而锋芒毕露的人则没有什么太好的人缘。虽然在做人原则与风格上，有个人的表现方式，有人喜欢平淡从容，有人喜欢锋芒毕露。但鉴于人缘不是小问题，有时它的好坏直接影响个人的成败，所以奉劝一句，做人处世切忌锋芒毕露。

凡事都有两重性，即好的一面和不好的一面。同一件事，若从好的方面去理解，便是一件好事；但若从不好的一面去理解，便是一件坏事。人缘的作用正在于此，它有时可以使坏的变好，但也可以使好的变坏。假如你人缘好，那么你每做一件事，别人都会津津乐道，即使你做错了事，冒犯了别人，别人也会善意地理解你的过错。生活在如此宽松和谐的环境里，你没有心理负担，处处可以尽情尽兴。但如果你人缘不好，那么你每做一件事别人都会鸡蛋里挑骨头，更不要说做错事，冒犯别人了；即使你处处谨慎小心，事事正确，别人也会不以为然，不拿正眼看你。生活在如此冷漠的环境里，你会觉得自己是一个多余的人，更不要谈什么欢乐和幸福了。拥有好人缘的人脚下路有千万条，反之，便只剩下一座独木桥了。而要想有个好人缘，就不要锋芒毕露，咄咄逼人。

很多时候，我们面对的不一定是大是大非的原则问题，所以没有必要事事较真儿。退一步容得别人过去了，自己也可以顺利通过。宽松和谐的人际关系，可以给我们带来很多方便，又避免了许多麻烦。假如你胸怀鸿鹄之志，可以一心一意去积蓄力量；假如你只想做普通人，可以活得从从容容，逍遥自在。可进可退，两头是路，何乐而不为？

　　或许你会说这样是过于世故，过于圆滑了吧？你也许要说这不是压抑人的个性自由发展吗？其实不然，这里所说的收敛实际上是保护个性健康发展，成功实现自我价值的一条捷径。

　　有多少人由于年轻气盛，爱出风头而处处碰壁，为了适应社会，不得不磨平棱角，令锐气殆尽，最终还是一事无成。有句话不是说"好刀出在刃上"吗？一个人的锋芒也应该在关键时刻、必要的时候展露给众人，那时人们自然会承认你确实是一把锋利的宝刀；但绝不是时不时地拿出来挥舞一番，每次都要杀得别人片甲不留方才甘心。刀刃需要长期的磨砺，只图一时之快，不懂保养，只会令其钝化。

　　大文豪萧伯纳赢得很多人的尊敬仰慕。据说他从小就很聪明，且言语幽默，但是年轻时的他血气方刚，特别喜欢展露锋芒，说话也尖酸刻薄，谁要是被他评价一句话，便会有体无完肤之感。后来，他的一位老朋友私下对他说："你现在常常出语幽人之默，非常风趣可喜，但是大家都觉得，如果你不在场，他们会更快乐，因为他们比不上你，有你在，大家便不敢开口了。你的才华确实比他们略胜一筹，但这么一来，朋友将逐渐离开你，这对你又有什么益处呢？"老朋友的这番话使萧伯纳如梦初醒，他感到如果不收敛锋芒，彻底改过，社会将不再接纳他，又何止是失去朋友呢？所以他立下宗旨，从此以后，再也不讲尖酸的话了，要把才能转移发挥在文学上，这一转变造就了他后来在文坛上的地位。

　　这个例子告诉我们，平时锋芒毕露会使我们众叛亲离，走进死胡同，而适当地收敛锋芒，将才华用到有用的大事上，积蓄力量，必然会做出一番事业来。

　　与"锋芒毕露"相对，我们提倡"沉默是金"的处世哲学。你要是比别人聪明，不一定必须张扬着让他人知道，时间会证明一切的，"是金子总是要发光的"。收敛锋芒，韬光养晦，使你在与人共事时留下较大的回旋余地，是一种必要的自我保护，也是让旁人敬佩的一种内在气质。

做人赢在获得人心
zuo ren ying zai huo de ren xin

5. 低调一点，修养自己，包容他人

> 低调做事是一种境界，一种风度，一种修养，一种去留无意的胸襟，一种宠辱不惊的情怀。甘于低调做事者，总是能以平常心面对喧嚣的世界，始终把自己看作是社会上普普通通、实实在在的一员。这不仅是一种做事的标准，也是一门做事的艺术。

欧洲有句格言说："愈是喜欢受人夸奖的人，愈是没有本领的人。"反之，我们也可以说："愈是有本领的人，愈是不需要别人的夸奖。"与人相交，要想不被讨厌，还是谦逊一点为好。谦逊是品德高尚者的美德，而自夸则是狂妄者的表现。

美国南北战争时，北军格兰特将军和南军李将军交锋，经过一番空前激烈的浴血奋战之后，南军一败涂地，溃不成军，李将军还被送到爱浦麦特城接受审判。

格兰特将军立了大功之后，并没有骄奢放肆、目中无人。他是一个胸襟开阔、头脑清晰的大人物，绝不会做出这种丧失理智的行为。

他很谦恭地说："李将军是一位值得我们敬佩的人物。我们的胜负，不过是一些偶然的因素造成的。他虽然战败被擒，但态度仍旧镇定异常。"这一番谦虚的话听在别人耳里，远比自我炫耀、自吹自擂要好得多。

事实上，只有对自己的成就发生疑问的人，才爱在人家面前吹牛，以掩饰那些令人怀疑的地方。一个真正成功的人，是不必自我炫耀的，因为你的成绩，你的成功，别人会比你看得更清楚。

也许你以为格兰特将军的自谦，很是值得赞美，但李将军以败将的身份，却昂首挺胸、衣冠整齐，似乎有些示之骄傲。其实不然，李将军虽然战败，但仍能坦然忍受耻辱，这正是他勇敢坚毅的地方。他这样做，是表示他把失败当作一种经验，而并非一种耻辱，如果能再给他一次机会的话，他仍能挺身奋战、争取光荣。所以，他也可以说是不失为一位伟大的军人。

格兰特将军不但赞美了李将军的态度，而且也没有轻视他的战绩，他认为自己的成功与李将军的失败，都是偶然的机会造成，他说："这次胜负是由极凑巧的环境决定的。当时敌方军队在弗吉尼亚，几乎天天遇到阴雨天气，害得他们不得不陷在泥淖中作战。相反，我军所到之处，几乎每天都是好天气，行军异常方便，而且有许多地方，往往是在我们离开一两天后便下起雨来，这不是幸运是什么呢！"

曾经有人说："愈是不喜欢接受别人赞誉，愈是表示他知道自己的成功是微不足道的。"格兰特将军把一场决定最后命运的大胜利，归功于天气和命运，这正表示他有充分的自知之明，始终没有被名利的欲念所埋没。

假使你常常为芝麻小事而得意忘形，接受别人的称赞，把它当作一桩了不得的事，那你无异于是在欺骗自己，就像那些被魔术欺骗了的观众一样。从此，你将走上失败之路，因为你早已没有自知之明，盲人骑着瞎马乱闯，怎么会有成功的希望呢？

实际上，只要我们能够仔细思考，就会明白，我们百分之九十九的成功，不少是有机运的成分夹杂在里边的，我们应该看清这些机运所在，准备在将来有同样事情发生，又缺乏这些机运时，知道该怎样应付。

做人赢在获得人心

zuo ren ying zai huo de ren xin

6.审时度势，"意怠"生存

中国有句老话叫做"满招损"，意思是说喜欢自我炫耀的人，必然会招致别人的反感。所以，一个有才华的人，要善于审时度势，隐匿自己。"大成若缺，其用不解；大盈若亏，其用不穷；大辩若讷，大方无隅，大器晚成；大音希声，大象无形"说的就是要善于藏而不露，以待时机。

庄子曾经提出"意怠"的哲学观点，说有一种很会鼓动翅膀高飞的鸟，别的鸟飞，它也跟着飞，傍晚归巢，它也跟着队伍，前进时不争先，后退时不落伍，吃东西时不抢食，不脱队，因此很少受到同类的威胁。从表面看来"意怠"的生存方法太保守，但这样做却大有可取之处，因为在行动上不前不后保持中庸，在社会生活中就不会成为众枪围攻的"出头鸟"。

唐代的顺宗在做太子时，曾对东僚属说："我要竭尽全力，向父皇进言革除弊政的计划！"他的幕僚告诫他："作为太子，首先要尽孝道，多向父皇请安，问起居饮食冷暖之事，不宜多言国事，况且改革一事又属当前的敏感问题，如若过分热心，别人会以为你邀名邀利，招揽人心。如果陛下因此而疑忌于你，你将何以自明？"太子听过如梦初醒，立刻闭嘴黜音。

德宗晚年荒淫而又专制，太子始终不声不响，直至熬到即位，方有唐后期著名的顺宗改革。然而，隋炀帝的太子杨暕就没那么好的涵养了，一次父子同猎，炀帝一无所获，而太子满载而归，炀帝本来就感到太子对自己不够尊重，这一下被儿子比得抬不起头来，于是寻了个罪名，把杨晾的太子名号给废了。

　　同为太子，顺宗却审时度势终登皇帝之位，而杨晾却锋芒毕露，功高盖主，后被废黜，可见锋芒能否适时显露，事关一个人的命运。即使是对有大志向的人来说，低调做事也并不是苟且偷生，而是一种以退为进的谋略。

　　老子曰："上善若水，水善利万物而不争。"水因为安于卑下，不争地位，善利万物，所以每个人都喜欢它。它就像接纳众多溪流的江海一样，成为众水的统领。老子反对锋芒毕露，争强好胜，认为"兵强则灭，木强则折"、"强梁者不得其死"。老子这种与世无争的谋略思想，深刻体现了事物内在的运动规律，已为无数事实证明，成为广泛流传的哲理名言。

　　唐朝李泌就曾以与世无争的谋略，几度出山匡扶唐廷，力挽狂澜于即倒，立下卓著功勋。李泌少聪敏，博涉经史，精研《易象》，善为文，常游于嵩、华、终南诸山间。当时他的名声很大，唐玄宗颇为赏识他，夸他是"神童"。宰相张九龄也很器重李泌胆识，呼他为"小友"。唐玄宗欲授李泌官职，李泌却固辞不受，于是玄宗命他与太子游，结为布衣之交，太子常称其先生而不称名。

　　天宝年间，李泌看到天下的危急形势，奔赴朝廷以论当世时务，但为奸相杨国忠所忌，于是他又潜遁名山。后来安史之乱发生，太子即位于灵武，是为唐肃宗，于是李泌陈述天下成败之事，甚称肃宗之意，欲用为宰相，但李泌固辞，他说："陛下屈尊待臣，视如宾友，比宰相显得贵多了。"最后，他被授以散官拜银青光禄大夫，使掌枢务，凡四方表奏，将相迁除，皆得参与。

　　李泌虽不是宰相但权逾宰相，他劝唐肃宗俭约示人，不念夙怨，选贤任能，收揽天下人心，终于收复长安洛阳。李泌见唐廷转危为安，立即要辞归山林。唐肃宗坚决不同意，说："朕与先生同忧，应与先生同乐，奈何思去？"李泌说："臣有四不可留：臣遇陛下太早；陛下任臣太重；宠臣太深；臣功太高；所以不可复留。"后来终于说服唐肃宗，李泌隐归衡山。

　　唐代宗时，时局艰难，藩镇割据，又特召李泌出山，命他为相，

做人赢在获得人心
zuo ren ying zai huo de ren xin

李泌一再固辞。代宗只好在宫中另筑一书院，给李泌居住，军国重事无不咨商，李泌又成了实际上的宰相。后来，当时局好转后，李泌又辞归山林。

　　李泌这一生，好谈神仙，颇尚诡诞，实际上只是个幌子，他危时出山辅佐朝政，不争权位，安则归山养性，与世无争，这才避免了"狡兔死，走狗烹"的结局。

第八章　低调做人，赢得好人缘

第九章
得道多助，失道寡助，诚信做人有信誉

仁义礼智信，是中国价值体系的核心因素。其中的"信"，我们就可以理解为诚信，诚信是做人的根本，也是一种无形的资本。人无信不立，讲诚信者，得人心；不讲诚信者，必失人心。诚信需要经营，需要精心地维护，一次失信，就会功亏一篑，可谓来难去易。你不相信别人，别人也不相信你，人与人之间的交流沟通失去了可以维系的基本纽带，可见诚信之重要。做人诚信才有信誉，做事才能成功。

1. 诚信是成功的第一步

> 一个能够打出"诚信"招牌的人，已经开始了成就自己的第一步，因为这两个字是人生的基石，更具有难以估计的含金量。

大家都知道"掩耳盗铃"的故事，那个自以为聪明的小偷到头来被自己骗了。其实做生意也一样，欺骗别人便是欺骗自己，讲信誉的人最终能够得到回报。

松下幸之助不仅在日本，而且在世界都被称为"经营之神"。然而，松下却说："生意不是神秘莫测的魔术，也不是诡谲多变的权术。生意就是实实在在地干事情……就是不欺骗别人，正正当当地做事，因此而获得别人的信赖。"他又说："生意并不是奸诈诡谲之徒所能成功的，而应有一颗纯真无私的心。"

因此，一些人以为做生意就是要要心眼儿、斗心计。松下以为，这只是看到了事物的局部，是只见皮毛、不见骨肉。而生意人所应秉持的，正好与此相反，应有一颗纯真无私的心。

松下说："必须注意的事情很多，但最根本的，也是我期望自己能达到的，就是一颗纯真的心。人有了纯真的心，我所说的一切生意原则才会有效果；人若缺乏纯真的心，企业绝不可能不断地成长。"

松下一生就秉持着一颗纯真无私的心，所以生意上每每能临危而转、绝处逢生。比如，对于某种新产品，他根本不知该如何定价时，就诚实地告诉经销商这种产品的成本是多少钱，请他们帮助定价。经销商为某种产品而要求杀价时，他就告诉人家这种产品成本几何、正当利润多少，不能降价，如此等等。这位生意之神甚至认为有了纯真无私的心，就几乎近于神了："纯真无私的心，使人公正、坚强、聪明，达到纯真的心愈滋长，就愈接近于神，所以做任何事情都能成功，在生意上也是一样。"

森信公司董事长岑杰英生于广东南海。3岁时随家人移居香港，18岁时父亲过世，一家人的生活重担落在他的肩上。开始他在一家纸行找到工作，一干就是10年，后因纸行关闭而自立门户。1965年，他创立了森信公司。成立之初，员工只有1人。送货、接单、见客户、做会计都由自己独自承担。到1995年，森信全年的营业额已达15.4亿港元，销售纸品数量达21万吨。该年12月，森信在香港联交所成为上市公司。生意30载，岑杰英深深感慨道："父亲没有留下什么给我，但他留下一个'信'字，在他眼中，信誉是人的第一生命，人无信不立。这个字可以说令我受益终生。"他将自己创立的洋纸公司命名为森信，其含义是："森"代表森林，是造纸的主要原料，"信"代表信誉，诚信为先是公司生意的宗旨。

岑杰英指出，中国香港印刷业与时俱进，发展至今日，成为与德国、美国、日本齐名的全球四大印刷中心，主要是以质量好、价格廉、速度快、交货期准而享誉世界的。他不仅与客户做生意非常讲信誉，而且在公司员工中也是极重信用，和职工感情非常深厚。他说，公司业绩倍数递增，领先同业，主要是因为自己与员工多了一份深厚感情。公司管理层人员，绝大部分是从在公司服务多年的员工中提拔的，合作自然默契。而且他肯听别人的意见，只要意见有道理，他不介意听从伙计的意见。

中国香港很多成大事的大都是以诚信做人而著称的，曾宪梓便是一个非常典型的例子。曾宪梓白手创业，从无到有，可以说一帆风顺。他做人、办企业信奉的是"勤、俭、诚、信"4个字。曾宪梓认为，信誉是做生意的生命，货一定要真，不要骗人，骗别人就是骗自己。20多年，金利来在香港、东南亚和祖国大陆所建立的良好信誉，是事业成功的基本因素。

商品标价要适中，自己不要赚那么多，应当保障顾客的利益，保

做人赢在获得人心
zuo ren ying zai huo de ren xin

证百货公司利益。市面上每 100 件金利来商品，香港零售商的利益占 28% ～ 30%，祖国大陆零售商的利益则占 25%。百货公司有利可图，才会更着力推销金利来产品。

曾宪梓擅长做长线生意。假如一个公司一次进货 1 万条金利来领带，其他供货商可能求之不得，然而曾宪梓却询问对方一个月能卖多少条领带，若月销售 1000 条领带的话，曾宪梓就只卖给他们 3000 条领带，保证该店每个月有 2000 条存货，可以不断进新货，且资金可以周转，百货公司生意做活了，那么一年出售的金利来领带，恐怕就不只是原先拟入货的 1 万条。

曾宪梓信奉生意的伙伴就是朋友，不要只考虑经济利益。欧美不少厂商每年来港接金利来的订单做生意，曾宪梓每每掉回头请他们吃饭，照顾他们的饮食住宿，令他们有宾至如归的感觉。当曾宪梓赴欧美公干时，到处是朋友，这些信奉 AA 制的外国人，亦争相照顾曾宪梓的生活，以礼相待。这便是诚信经商所带来的好处了，想有所作为的人应该把这条铭刻在心里。

第九章 得道多助，失道寡助，诚信做人有信誉

2. 诚信是立足之本

> 做大事单靠一个人的力量是很难做成的。人讲信用，才会在社会上吃得开，别人才会信任你，你的人气才会旺，人气兴旺事业自然会兴旺，所以，诚信是人立足社会之本，也是人做大事的宝贵资本。

华人首富李嘉诚也曾经告诫他的儿子说："当你什么都不能留下的时候，只要留下诚信，凭这一点，你就可以东山再起。"无独有偶，韩国现代集团的郑周永也是这样的践行者。

郑周永是一个由白手起家变成韩国首富、世界顶尖富豪的传奇人物。郑周永不但经商有术，而且后来他弃商从政，也成为世界瞩目的新闻人物。毫无疑问，郑周永是个值得人们学习的榜样，尤其对现代商人而言更是如此。

在郑周永弃商从政的 1991 年，现代集团的销售额达到 510 亿美元，居世界大工业公司的第 13 位，资产总额 900 亿美元，居世界工业公司的自有资产额的第 2 位。郑周永的个人家产，据他自己说是40 多亿美元，但权威人士估计达 65 亿美元。

1915 年，郑周永出生在三八线北侧一个破落的书香之家，他在家中的孩子中最大，下面还有 7 个弟弟妹妹。由于人口多，生活很贫困，10 岁的时候，他便一面读书一面参加繁重的劳动。

1933 年，18 岁的郑周永到汉城一米店当伙计。因为正直能干，身患重病的米店老板把店铺交给他全权管理。当了店老板的郑周永先后将父亲及全家 20 多人接到了汉城。

1947 年他创办现代土建社。在这个基础上，他于两年后将土建社扩展为现代建设公司。

1950 年年初，郑周永的现代建设公司已粗具规模，成为一家拥有 3000 万韩元资产的中型企业。6 月朝鲜战争爆发，他的得力助手、二弟郑仁永劝他携款回老家避乱，但他却南逃到釜山。釜山当时成为韩国政府的南迁地，因为战争原因，急需建房屋与军营，且造价昂贵。郑周永抓住这一机会，先后至少承建了 300 栋军营，造价只需 20 多万元一栋的房子，得到的承建费用却在 100 万韩元以上，让他大赚了一笔。

能拿到军营的承建权，与郑周永平时做生意讲信誉是密不可分的，战争年代人心惶惶，更需要诚信度，郑周永因此捡了便宜。然而，讲诚信有时是要付出代价的，1953 年郑周永承包釜山洛东江大桥的修复工程，就亏了大本。

承包到洛东江大桥的修复工程后，物价不断上涨，偶尔下跌也幅度不大。加上汹涌而至的洪灾提前到来，冲走了大批准备好的修桥材料，开工后一算总费用，比签约承包时的预算要增加 4 倍！这意味着完工后不但赚不到一分钱，还要亏赔上 7000 万至 8000 万韩元。

郑周永骑虎难下。怎么办？是建还是停？摆在他面前的有两条路：一是停止修建，宣布公司破产，以保住昔日的积蓄；另一条路是冒着亏血本的代价硬挺下去，这样可能会把过去的积累全部赔光。

为了"现代建设"的信誉，郑周永偏向了挺下去的做法。对于他的这一决定，当时他的亲友和公司的一些管理人员都表示不可理解，有的则站出来表示反对。但为了捍卫"现代建设"的诚信度，郑周永顶住了压力，义无反顾地干下去。他把自己所有的资金赔进去了，又变卖了十几年积蓄下来的全部值钱的家当，全投到洛东江大桥的修建工程上。

1955 年洛东江大桥准时修建完成，经权威机构检测，质量达到一流水平。郑周永松了一口气，摸摸自己的口袋，这时他才意识到自己已成了一个穷光蛋。

虽然郑周永变成了穷光蛋，但洛东江大桥像一幅杰作，成了郑周

永无形的"资产"。它为郑周永赢得了社会信誉,光大了"现代建设"的名声,也赢得了韩国政府对他的充分信任。

从20世纪60年代中期开始,现代集团进军交通制造业。1967年现代汽车公司建成,现在该公司的汽车已成世界名牌。1972年现代造船重工业公司的蔚山造船厂和两艘26万吨级油轮的船坞同时开工,郑周永又赢得"造船大王"的美誉。

常言道"黄金有价玉无价",人的诚信品格就像玉一样,纯度越高,品位越好便越值钱,郑周永的成功就很好地证明了这一点。

做人赢在获得的人心

zuo ren ying zai huo de ren xin

3. 做人要言而有信

> 说出去的话泼出去的水，覆水难收，做人言而有信，那么做事就有了一种人格力量来担保。"人无信不立"，所以做人要讲诚信，这也是做人的一个基本原则。

"季札挂剑"的故事很有名，就是讲做人要守信的。季札是春秋时吴国有名的公子，德才兼备，誉满天下。有一次他出使别国，路过徐国，与徐国国君会晤，席间，徐君看到季札腰间的宝剑，欣赏不已。季札考虑到自己还要出使别的国家，而佩剑是使者的必备之物，不能送人，当时就没有表态。

等他完成出使任务回国时，又经过徐国，他想把那把宝剑送给徐君，可是徐君却已经去世了。季札十分惋惜，他来到徐君的墓前，把宝剑挂在墓前的树上，完成了自己心中的约定。

汉朝年间，有一个叫陈实的人。他为人正直，为官清廉，深受百姓的爱戴和好评。后来，陈实返回了故里，当地的官员、乡邻村民们都非常敬重他。

有一次，他与一个友人会面，酒足饭饱之后，两人决定一同远游，他们约定，次日午时在陈实家门前的大槐树下再次见面。两位友人为了表达各自的诚信，他们还在槐树前立了个高高的树干。如此之后，两人才揖手辞别。

次日，陈实提前来到了树干前，等了一段时间，眼看着树干底端的黑影渐渐东斜，午时已过。这时，陈实猜想友人是另有他事而不能同行，或是已经提前出发了，于是就上路了。

然而，就在陈实走了之后，他的朋友到了，左看右看，却不见陈实的影子，当即就气不打一处来，非要到他家去看个究竟问个明白，一到陈实的家门口，正看见陈实的长子在家门口玩耍。于是，他便指桑骂槐，又像是自言自语地说道："真不是人哪！跟人约好一块出门的，却又不等人。"

当时，陈实的长子刚刚年满 7 岁，名陈纪，字符方，是一个人见人爱、非常懂事的孩子。等他父亲的友人数落完后，小陈纪说："您与我父亲约定在午时，午时不来，就是无信；对孩子骂他的父亲，就是无礼！"

那友人当即羞愧万分，想下车解释，而小陈纪头也不回就进屋去了。

做人要讲诚信，诚信是一种无形的资本，需要人们精心维护，慢慢积累。而如果你不讲诚信，仅仅一次，就会把长期的积累挥霍一空。

4. 讲信用，守诚信，能赢得好名声

> 如果你有钱，就可以立即把资金汇入银行，可是，名声就不会像钱这样来得容易用得方便，好名声是长时间积累出来的，无法在一朝一夕中形成。人一定要为自己创造一个好名声。

如果你有对人的诚信之心，纵然存在很多劣势，你的事业也一定会欣欣向荣的。如果你有再多的优势，但没有好的名誉，你的事业也难以成功。

（1）诚信是人的立足之本，成功的秘诀

做事最要紧的是讲诚信，并不是你的风度翩翩且英俊的外表或是漂亮的容貌给人以好感，而是对人亲切、说到做到的诚信。从心底发出来的真诚的微笑，宁静地能接纳别人意见的雅量等虽然重要，但是最重要的是有一颗对人关怀的爱心。

清代商人胡雪岩创办胡庆余堂，经营的是中医药业。这个行业自古以来就有单方秘制的特点，一旦制成药品，一般人是很难辨识真假优劣的，故有"药胡涂"之说。可是，药品事关人命，许多生药材（指未加工过的动、植物及矿物）含有对人体有毒的成分，必须经过水制、火制或水火炮制后，才能既保持药效又除去或中和其中的有毒成分。在达到药用要求后，还需对药材做取舍搭配，而这就要求药的种类、数量和质量等来不得半点虚假和马虎。以假充真、以次充好，或减少贵重药的配量都会影响疗效，甚至会危及人的性命。

正是针对种种欺诈行为，1878年5月（同治四年四月）胡庆余

堂创办之初，胡雪岩就亲自立下"戒欺"的匾。胡庆余堂众多的匾额和招牌都是朝外挂的，用以方便顾客观赏，唯独这块黄底绿字、笔力遒劲的"戒欺"匾却是朝里挂着，正对着坐堂经理的位置，这包含着药店主人期望坐堂经理严格把关、督促众人恪守"戒欺"这个店训的一片苦心。

"戒欺"匾的中心思想是强调信誉。信誉是多次商品交换中形成的消费者对商品生产者和销售者的一种信赖关系，是商品的微观经济效益与宏观社会效益相统一的具体体现。信誉是伦理学范畴，蕴涵着功自心诚、利从义来的辩证关系，它要求商人以诚信原则来规范和制约自己的经济行为；信誉又是企业素质的综合反映，是企业经营文化的结晶体，它要求企业"言必信，行必果"、"货真价实"、"童叟无欺"，始终如一地保持产品的成分、质量和性质。

胡雪岩作为一个有眼光、有头脑的经营者清楚地认识到信誉是企业生存发展的关键而亲立"戒欺"匾，"戒欺"训规代代相传，成了历代胡庆余堂人的"传世秘方"，一百二十多年来，胡庆余堂真正做到了童叟无欺，货真价实。

（2）信用是无形之账，名誉是无价宝宝

人一定要恪守"信用就是金钱"的古训，把信誉放在事业之首。经济的损失，将来可以赚回来；而信誉的损失，就难以弥补回来。信用能为产品带来市场，为企业带来顾客，为顾客带来信心。现代商业时代越来越讲究信用，以信誉招集顾客也成为许多企业共同使用的招数。

犹太民族是个"契约民族"，他们所信仰的核心理念就是：作为立约一方的人，如果按"约"的规定去行事，作为立约的另一方上帝，就会降福于他。

犹太人作为上帝的"特选之民"，在出生的第8天要做"割礼"仪式，这正是作为上帝和犹太人之间契约的证明。所以，犹太人重视契约和声誉，契约是他们存在的理由，如果不遵守契约就会有灾难。因此，犹太人在经商中最注重"契约"，并使之高度神圣化。在全世界商界中，犹太商人的重信守约是有口皆碑的。《塔木德》上告诫人们："人与人之间的契约，与神和人的约定相同，绝不可以毁约。"既然"契约"是上帝和人的约定，那么每一次立约就意味着指天发誓，绝不反悔，若毁约就是亵渎了上帝的神圣。

犹太人的经商史可以说是一部有关契约的签订和履行的历史。犹太人信守合约几乎可以达到令人吃惊的地步。有个商业例子可见一斑：

有一位日本出口商与犹太商人签订了10000箱蘑菇罐头合同，合同中有这样一条规定："每箱20罐，每罐100克。"但日本出口商在出货时，却装运了10000箱150克的蘑菇罐头。货物的重量虽然比合同多了50％，但犹太商人拒绝收货。日本出口商甚至同意超出合同重量不收钱，而犹太商人仍不同意，并要求索赔。出口商无可奈何，赔了犹太商人10万多美元后还要把货物另作处理。合同的品质条件是一项重要条件，或者称为实质性的条件。合同规定的商品规格是每罐100克，而日本出口商交付的每罐却是150克，虽然重量多了50克，但卖方未按合同规定的规格条件交货是违反合同的。按国际惯例，犹太商人完全有权拒绝收货并提出索赔。

合同是犹太人生意经的精髓之一，他们自己信守合同，也要求签约对方严格履行合同，不容许对合同有不严谨和宽容。犹太人用他们的行动向世人表明：只要和他们签订了契约，你就不会有任何的后顾之忧了。

犹太商人在四邻歧视的眼光注视下发展到今日辉煌的地位，他们从本民族几千年流动不止的生存状态与商业活动的规律中领悟出了诚信才是真正的经商之道。犹太商人把诚信看成是经商之本，要想成为一流的商人，必须把诚信摆在心头。

人要切记：信用是事业的生命，是赚钱的根本，是商人的大招牌。古人说："人无信不立。"在当今的市场经济环境中，商人更应讲信用，不然就会无人肯与其交往，更谈不上合作，因而导致步履维艰。所以说，信用是人生的通行证，是商人的第二生命。

俗话说，人留名，树留影，信誉比金子还宝贵。信誉好的人有威望，信誉好的企业和名牌商品在消费者心目中树立了牢固的形象基础，

产生了偏爱消费习惯。中国的现代企业"以诚为本，以信待人"，就是继承了历史传统。"利润诚可贵，信誉价更高"，"通商重信义，和气得安康"，"诚招天下客，誉从信中来"，"百金买名，千金买誉"，都是经久不衰的中国智谚。商品有价值，这个道理大家都明晰，孰不知名声也有价值。自古以来，诚信致利、欺诈招害的典型不乏其例。以谎言伪语骗得的财宝，是浮云轻烟，死亡的罗网。历史事实证明：靠投机欺诈只能获取一时的蝇头小利而自毁永久的名声；恪守信誉才能创出"金字招牌"，开辟出取之不竭的源泉。

讲信用，守信义，注重自己的名声，是人立身处世之道，是一种高尚的品质和情操，它既体现了对人的尊敬，也表现了对己的尊重。我们反对那种"言过其实"的许诺，我们更反对"言而无信"、"背信弃义"的丑行！

5. 以诚服人，万事可成

> 以诚信服人，是最高明的处世之道，也是最有效的成功素质之一。人无信不立，不做言过其实的许诺，不做言而无信、背信弃义的丑行，这才是有魅力的人，靠得住的人。所以，纵使万般艰难，也须言行如一，表里如一。绝不可背信弃义。

信用的能量是巨大的，很多事情正是因为有了诚信才会绝处逢生，扭转势态，变难为易，变险为安。没有技术，可以请有这方面经验的朋友来帮助你；没有营业能力，可以请有营业能力的人来做事；没有资金，可以向银行借贷。反之，如果你没有信用，这可是最大的致命伤。

僖公二十五年冬天，春秋时五霸之一的晋文公带领军队攻打原国，事先与官兵约定 3 天结束战争。到了第三天，原国还没有攻下来，晋文公就命令撤退回国。

这时，晋方的间谍回来报告说："原国人支持不住，就要投降了。"晋方有的将领主张暂缓撤兵，但晋文公却坚持认为与其得到一个原国而失信，还不如不要它，因此坚决撤回了围攻的军队。

晋文公虽然放弃了到手的胜利，却树立了自己诚信的形象，得到了下属的敬重。如此一来，他在战争中的损失也就算不得什么了。

一个人只有讲究信用，才能得到支持，并有所作为。大多数人都喜欢和一个有信誉度的人交往，大到言出必行，小到守时守信，都能够看出一个人的品格和素养。

西周成王即位时还是个小孩子。一天，他和弟弟叔虞在后宫玩耍，

一时高兴，就摘下一片桐叶给叔虞，说："我封你为王。"

第二天，大臣史佚一本正经地要求成王正式给叔虞划定封地。成王说："我这是和他在做游戏，怎么能当真呢！"史佚板着脸说："君无戏言。"

成王马上明白了这句话的分量，就把黄河、汾水以东的一百里地方封给了叔虞，这个诸侯国就是春秋中后期强盛一时的晋国。

据说，宋太祖有一天答应要任命张思光为司徒通史，张思光非常高兴，一直引颈企望宋太祖正式任命，但是始终没有下文。张实在等得不耐烦，只好想办法暗示。

张思光故意骑着瘦马进见宋太祖，宋太祖觉得奇怪，于是问他："你的马太瘦了，你一天喂多少饲料呢？"张思光回答："一天一石。"

宋太祖又疑问道："不少啊！可是每天喂一石怎么会这么瘦呢？"张思光又冷冷地答曰："我是答应每天喂它一石啊！但是实际上并没有给他吃那么多，它当然会那么瘦呀！"

宋太祖听出言外之意，于是马上下令正式任命张思光为司徒通史。宋太祖终于通过自己的行动兑现了诺言。

在现实生活中，人与人之间的交往要做到言出必行。只有言行一致，拿出"一言既出，驷马难追"的气概，才能让别人折服。另外，遵守约定也是取信于他人的必备内容。在社会交往中我们不可避免地要与他人订立一些口头的协议，或订下某些规则。行动中只有认真执行，才能取得对方的信任。

历史上曾经有个叫尾生的人，他可是著名的遵守约定者。他与女子相约在桥下立柱会面，逾时女子没来，河水暴涨，他宁可淹死也不失约离去。故有尾生抱柱之信的说法，今天看他的做法似乎过头了，但其精神却永远值得大家借鉴。

中国人历来把守信作为为人处世、齐家治国的基本品质，主张言必行，行必果。贾谊说："治天下，以信为之也。"小信成则大信立，治国也好，理家也好，经商也好，交友也好，都需要讲信用。

清代顾炎武曾赋诗言志："生来一诺比黄金，哪肯风尘负此心。"表达了自己坚守信用的处世态度和内在品格，一诺千金的典故便是由

此而来的。信用不像钱那么简单，只要你有钱，就可以立即把资金汇入银行，要取就取，但是，信用就不会像钱这样来得容易，用得方便，要取得信任是要长时间积累的，信用无法在短时间内形成。因此，我们一定要为自己创造信用，而且要每天不断地累积。

　　"轻诺必寡信，多易必多难。"一个人如果经常失信，一方面会破坏他本人的形象，另一方面还将影响他本人的事业。信誉许诺是非常严肃的事情，对不应办的事情或办不到的事，千万不能轻率应允。一旦许诺，就要千方百计去兑现自己的诺言，以获得别人的信任。

第九章　得道多助，失道寡助，诚信做人有信誉

6. 做人要讲诚信，待人要真诚

诚信是"五常之本，百行之源"。现代市场经济已经进入诚信时代，诚信已经成为人的立足之本，发展之源泉。温州商人在经商过程中吸取了深刻的教训，他们深知诚信对于企业发展的重要性。如果一个人失去了诚信，那么他就在今后的社会活动中寸步难行。

诚信待人，人将以十倍甚至百倍的真诚来回报你。当年秦孝公唯才是举，重用商鞅变法，秦国从此强大；刘备三顾茅庐，换来的是诸葛亮鞠躬尽瘁的忠心。

一个叫周仕兵的广州打工仔因为天良未泯，"诚实"给他带来了年薪 10 万元的机会。

周仕兵原本是湖南人，凭借一手好泥工活儿来到广州闯天下。最初他以为自己还能包点活，做个小包工头。可是到了广州才发现，满街都是寻工的，别说当老板，就是要混碗饭吃也很难。

几天后他才在郊区一建筑工地上，找到了活干。饿了几天的他对老板说"只要管饭，工钱随便给"。但凭他出色的技术，很快地得到了老板的赏识。

一天深夜，包工头让他们深夜干活，对按规定建房必需的钢筋水泥之类的建材，尽可能地偷工减料。这样下来，不但工程速度加快，还可以节约资金。当时周仕兵心里就矛盾了，这样建好的房子不是劣质工程吗？即使能住人，但对买房子的人来说，不是上当受骗吗？

完工后，周仕兵又随老板到了另外一个工地干活。有一次，他偶

然路过那里时，一位先生向他打听："师傅，听说这幢楼质量让人有些不放心，你知道真实情况吗？"

这样的情况，以往也发生过，所以老板也给工友打招呼：谁泄密就开除谁。就在那一刻，一种良心发现的罪恶感使得周仕兵鼓足勇气，将那座楼内的造假情况告诉了对方。

对方原来是一姓张的大公司经理，张经理当即掏出200元钱递给周仕兵说："太谢谢你了，是你让我避免了损失。"

周仕兵的"告密"很快被老板知道了，就毫不犹豫地将周仕兵炒了鱿鱼。就在这时，张经理主动联系他，说看中了另一处房产，想请周仕兵帮他看看，并愿意一次性付500元的劳务报酬。

周仕兵由此恍然大悟，凭自己对建造业的熟悉，为什么不当个"验房师"呢？这可是中国市场上的一项服务空白啊！

周仕兵当即赶到了张经理那里，对那幢房子进行了全面的检测，并且将得出的结论逐条分析给张经理听：这座房子有些小问题，但并不影响总体质量，如卫生间顶部有渗水现象等，而这些小问题，只要向房地产商提出来，可以解决而且还是讨价还价的有利条件。就是这次验房，使张经理少掏了近2万元。

后来张经理在大酒店宴请周仕兵吃饭，陪同的有张的几个朋友。席间，张经理将周仕兵诚实的故事说给大家听时，许多人都对周仕兵的人品赞不绝口。

这时候，周仕兵不失时机地推销起自己来，他把联系方式告诉了在场的人，那些人纷纷表示：今后我们买房，就找你了。

果然几天后，张经理的朋友买房时，请了他去做"验房师"。那一次，周仕兵又赚了1800元劳务费。此后一传十，十传百，仅仅一个多月时间，周仕兵就接了8笔业务，挣了1万多元钱。这是他连做梦都不敢想的事。在短短两年时间之内，周仕兵就赚了近20万元。

周仕兵一名打工仔成为炙手可热的"验房师"，其中的"催化剂"就是他真诚的人品，这也是他最大的资本。

7. 守信的人最能吃得开

人要想吃得开，必须讲诚信。信用是一个人内在气质的反映，是衡量一个人综合素质的重要指针，是一个人发展的必备品德。厚道的人是最可靠，也是最聪明的人。

"要想吃得开，一定要说话算话。所以答应人家之前，先要自己想一想，做得到，做不到？做不到的事，不可以答应人家，答应了人家就一定要做到。"

这番话出自红顶商人胡雪岩之口，是对他的好友阿妙说的。阿巧姐只有福山这么一个弟弟在苏州老家，她向胡雪岩提出要求，请他将这个弟弟带出来留在身边学生意。胡雪岩到苏州见到福山，发现他人很灵巧，也就决定收下他来。在收福山为徒时，说了这一番既是教他做人，也是教他做生意的话。而且，这也是他要福山首先知道并且必须牢记在心的一番话。这段话仍然是讲为人的信义、为商的信用问题。可见胡雪岩对此是如何的重视。

同样的意思，胡雪岩在另一个场合也说到过。

胡雪岩经常说："江湖上做事，说一句算一句，答应了漕帮的事，不能反悔，不然叫人看不起，以后就吃不开了。"

经过胡雪岩的一番努力，终于与松江漕帮达成协议，先由松江漕帮在上海的通裕米行垫付十几万担大米，解浙江海运局漕米解运难以按时完成之困，待下一步浙江漕米解运到上海，再以等量大米归还松江漕帮。

王有龄一上任就遇到的令他头疼、且关系到他的官场前途的问题，

终于有了一个很不错的解决。

不过，这个时候，王有龄又提出了另一个方案，他与胡雪岩商量，想将松江漕帮那批大米改垫付为直接收购，即让信和先借出一笔款子，买下松江漕帮的大米在上海交兑，完成漕米交兑任务，而浙江现有来不及运到上海的那些漕米，自己囤积起来。

王有龄改变主意，是因为在胡雪岩与漕帮首领进行接洽的时候，王有龄从松江官方打听到一些有关局势变化的消息。一个重大的消息，是洪秀全已经开国称王，自立国号为太平天国。洪秀全改南京为"天京"，定尊号为"天王"，置百官，定朝仪，发禁令，并由"天官丞相"林凤祥、"地官丞相"李开芳率领一路兵马出征，夺取镇江，从瓜洲北渡，攻陷维扬，已成北取幽燕之势。与此相应，朝廷也不示弱，派出两位钦差大臣，一位带兵前出江宁，在江宁城东孝陵卫扎营，形成围城之势。另一位钦差大臣就是曾任直隶总督的琦善。琦善率领直隶、陕西、黑龙江的马步各军，由河南南下，迎头阻击林凤祥、李开芳。目前这两支兵马基本站稳了脚跟。

时局的这一变化，意味着朝廷与太平军之间，将有一场决定胜败的大战，而且，在王有龄看来，局势会向有利于朝廷方面的方向发展，关键只看朝廷的练兵和粮饷办得如何。

朝廷与太平军之间战事在即，又意味着做粮食生意将大有可为，因为不管哪一朝、哪一代，只要一动刀兵，粮食一定涨价。这个时候，做粮食生意，只要囤积得好，能够不受大的损失，无不大发其财。听到这个消息，胡雪岩感到的是一阵欣慰，因为在他看来，和漕帮议定的由他们垫付漕米，到时以等量大米归还的协约，真的是帮了他们的忙了。而王有龄想到的，却是与其让别人赚，不如让自己赚。他要改变原来商定的办法，就是要将那批将来议定还给漕帮的大米囤积起来，等战事一开，自己卖出赚钱。他甚至想到就借漕帮的通裕米行来囤积这批粮食。只是胡雪岩一明白王有龄的意图，立即就表示反对。他对王有龄正色说道："主意倒是好主意，不过我们做不得。江湖上做事，说一句算一句，答应漕帮的事，不能反悔，不然叫人家看不起，以后就吃不开了。"

胡雪岩与王有龄之间的差别显而易见，我们也可以看出胡雪岩确实也算得上一个能够"说一句算一句"的诚信君子。

江湖上做事，说一句算一句，它的确切含义，也就是答应了的事情，达成了的协议，只要不是万不得已，就必须遵守、履行，不能随意反悔，特别是不能如王有龄所想的那样，情况于自己不利的时候，求着别人帮忙，而到了情况可能对自己有利的时候，却又想着按对自己有利的方法办。从一般商人的眼光看，也许王有龄的打算也并不为过，一来商人图利，有得钱赚就尽可去赚，只要不违法，也无可厚非。商人自有商人的价值标准。二来漕帮此时本来就急于脱货求现，以解燃眉之急，改垫付为收购，也许还正合他们的心愿，也算不得是不守信用。但是，这里事实上还有一个自扪良心的问题。一切只是为了自己打算，从自己的利益出发而不想想别人，本身就不是诚信君子所为，本身就是不信义也没有信用。这样的人，自然也就叫人看不起了。而从事生意的角度看，叫人看不起，也自然不会有人和你合作了。

为人要讲信义，为商要有信用，这是没有问题的。讲信义，有信用，说白了，也就是要说话算数，特别是在商场上，讲究的就是干脆漂亮，一句话就算定局，说话就是银子，所谓一诺千金，因此，可以不答应人家，但一旦答应，就一定要做到。这也是没有问题的。

不过，我们要知道，主观上要求自己一定要重承诺、讲信用是一回事，具体做起来，是否一定能够做到，又是另一回事。比如你有没有能力去做你答应人家去做的事，客观上具不具备去做你答应去做的事情的条件，还有，客观情势允不允许你去做这件事，这些问题，都将对你是否一定能做到做好你所答应的事情产生极大的影响。有时，即使你主观上要求自己一定要履行约定，即使你确实是一个一诺千金的汉子，但客观上根本就没有履约的条件，或者客观情势根本就不允许你去做答应去做的事情，你的决心再大也是枉然。

因此，也确实必须记住，无论何时也无论在什么情况下，在答应别人去做某件事情之前，都先要自己想一想，要权衡一下各方面的条件，弄清自己最终是否一定可以做得到。只有那些自己确定无疑可以很好地办得到或者虽有一定的难度但经过努力最终可以办到的事情，

做人赢在获得人心
zuo ren ying zai huo de ren xin

才能作出自己的承诺，胡雪岩注重这一点，他也时时要求同自己在一起，帮自己做事的人注意这一点。

在答应别人办某件事之前先想一想，实际上是保证自己不失信用的必经过程。事实上，由于商场上商务交往的双方达成某项协约，都是以自愿为原则的，因此，对于自己办不到的事情，完全可以在讲明为什么办不到的同时拒绝作出任何承诺。不答应去办某件事，你绝不会丧失信用。但答应了却办不到，你必将失去信用。即使你主观上为办成自己答应去办的事作出了绝大的努力，甚至承担了很大的牺牲，没有办成的直接后果仍然是你失去信用。

而且，我们还应该知道，在人际交往中，不轻易作出承诺，往往还更能获得别人信任，一般来说，对于那些无论什么事情都满口应承下来的人，人们总是心存几分疑虑的。

胡雪岩一生经商坚守一个"信"字，一直到最后的危机关头也不曾背信弃义。

胡雪岩的做法，证明中国社会上一向流传的"无商不奸"的看法是错误的。事实上，真正优秀的商人，都是视信誉为生命的，与胡雪岩同时代的严厚信就是一个例子。

很多现代工商界人士只知道名震海内外的"宁波帮"，但极少知道它的奠基者严厚信，更不知道他是我国近代第一家银行、第一个商会、第一批机械化工厂的创办者。这里，我们讲一个为什么他在当时的工商界信誉卓著、成就令人瞩目的奥秘。

严厚信原籍兹溪市，少年时，后来经同乡介绍在上海小东门宝成银楼当学徒。在此期间，他手脚勤快，头脑灵光，很快掌握了将金银熔化的技术。后来，严厚信在生意中结识了"红顶商人"胡雪岩。一次，胡雪岩要宝成银楼定做一批首饰，严厚信亲自动手，做好后又亲自送去。胡雪岩给他一包银子，要他点一下，他说："我相信胡老爷，不用点。"但是，拿到店里数了一下，按数少了 2 两银子。他不声不响，将自己的辛苦工钱暗暗地凑在里面，交给了老板。又一次，胡雪岩要宝成银楼的首饰，严厚信送去之后，又数也不数拿了一包银子回来了。可是，一数，吓了一跳，多出了 10 两银子。10 两银子，当时

相当于一个小伙计的几年辛苦工钱。然而，他想起家里大人的教诲，绝不能要昧心钱。于是，第二天一大早，马上送还给了胡雪岩。其实，同前一次一样，这是胡雪岩试探他的品行，自然得到胡雪岩的好感。继而，他以自画的芦雁团扇赠给胡雪岩，深得胡雪岩的赏识，称他是"品格高雅，厚信笃实，非市侩可比"。于是，推荐给中书李鸿章。他得到在上海转运饷械、在天津帮办盐务等美差，逐渐积累了一些金钱。而后，在天津开了一家物货楼金店。

严厚信所开金店具有良好的信誉，使客人购买时非常放心，很快争取到了一批主顾，而店铺也越来越兴旺，这实在是得益于严老板的诚实守信。

以上种种，说明了不是儒商的胡雪岩身上却具有儒商的美德：重承诺，讲信誉。真正优秀的商人懂得，偷奸要滑只能赢得一时，却无法长久赢利；只有守信誉，讲诚实，才能赢得长久的利润和稳定的顾客。因此，守信是成功者必备的素质之一。

第十章
以"情"动人，储存人情，赢得人心

　　人是感情动物，所以，有时候感情投资比金钱投资更有成效。在别人需要帮助的时候伸出你的援助之手，以"情"动人，多储蓄人情。其实，人情也就是人缘，好人缘的获得与给予帮助是分不开的，这样才能赢得更多的人心。

1. 帮助他人就是储蓄人情

> 你给朋友一个帮助，朋友便欠了你一个人情，他日所要，他一定会回报的，因为"受人滴水之恩，当以涌泉相报"。人情需要储蓄，它就像你在银行里的存款，存得越多，存得越久，红利便越多。

钱钟书先生一生日子过得比较平和，但困居上海写《围城》的时候，也窘迫过一阵。辞退保姆后，由夫人杨绛操持家务，所谓"卷袖围裙为口忙"。那时他的学术文稿没人买，于是他写小说的动机里就多少掺进了挣钱养家的成分。一天 500 字的精工细作，却又绝对不是商业性的写作速度。恰巧这时黄佐临导演排演了杨绛的四幕喜剧《称心如意》和五幕喜剧《弄假成真》，并及时支付了酬金，才使钱家渡过了难关。时隔多年，黄佐临导演之女黄蜀芹之所以独得钱钟书亲允，开拍电视连续剧《围城》，实因她怀揣老爸一封亲笔信的缘故。钱钟书是个别人为他做了事他一辈子都记着的人，黄佐临 40 多年前的义助，钱钟书多年后还报。

俗话说："在家靠父母，出门靠朋友"，多一个朋友多一条路。要想人爱己，己须先爱人。只有时刻存有乐善好施、成人之美的心思，才能为自己多储存些人情的债券。这就如同一个人为防不测，须养成"储蓄"的习惯，这甚至会让他的子孙后代得到好处，正所谓前世修来的福分。黄佐临导演在当时不会想得那么远、那么功利。但后世之事却给了他作为好施之人一个不小的回报。

对于一个身陷困境的人，一枚铜板的帮助可能会使他握着这枚铜板忍一下极度的饥饿和困苦，或许还能干一番事业，闯出自己富有的天下。

对于一个执迷不悟的浪子，一次促膝谈心的帮助可能会使他建立做人的尊严和自信，或许在悬崖前勒马之后奔驰于希望的原野，成为一名勇士。

就是在平和的日子里，对一个正直的举动送去一缕可信的眼神，这一眼神无形中可能就是正义强大的动力。对一种新颖的见解报以一阵赞同的掌声，这一掌声无意中可能就是对革新思想的巨大支持。

就是对一个陌生人很随意的一次帮助，可能也会使那个陌生人突然悟到善良的难得和真情的可贵。说不定他看到有人遇到难处时，他会很快从自己曾经被人帮助的回忆中汲取勇气和仁慈。其实，人在旅途，既需要别人的帮助，又需要帮助别人。从这个意义上说，帮人就是积善。

也许没有比帮助这一善举更能体现一个人宽广的胸怀和慷慨的气度的了。不要小看对一个失意的人说一句暖心的话，对一个将倒的人轻轻扶一把，对一个无望的人赋予一个真挚的信任。也许自己什么都没失去，而对一个需要帮助的人来说，也许就是醒悟，就是支持，就是宽慰。相反，不肯帮助人，总是太看重自己丝丝缕缕的得失，这样的人目光中不免闪烁着麻木的神色，心中也会不时地泛起一些阴暗的沉渣。别人的困难，他可当做自己得意的资本，别人的失败，他可化作安慰自己的笑料；别人伸出求援的手，他会冷冷地推开；别人痛苦地呻吟，他却无动于衷。至于路遇不平，更是不会拔刀相助。自私，使这种人吝啬到了连微弱的同情和丝毫的给予都拿不出来的地步。

也许这样的人没有给人帮助倒是其次，可怕的是他不仅可能堕落成一个无情的人，而且还会沦落为一个可怜的人。因为他的心除了只能容下一个可怜的自己，整个世界都无须关注和关心，其实，他在一步步堵死自己所有可能的路，同时也在拒绝所有可能的帮助。

战国时期有个名叫中山的小国。有一次，中山的国君设宴款待国内的名士。当时正巧羊肉羹不够了，无法让在场的人全都喝到。有一个没有喝到羊肉羹的人叫司马子期，此人怀恨在心，到楚国劝楚王攻

做人赢在获得人心
zuo ren ying zai huo de ren xin

打中山国。楚国是个强国，攻打中山易如反掌。中山被攻破，国王逃到国外。他逃走时发现有两个人手拿武器跟随他，便问："你们来干什么？"两个人回答："从前有一个人曾因获得您赐予的一壶食物而免于饿死，我们就是他的儿子。父亲临死前嘱咐，中山有任何事变，我们必须竭尽全力，甚至不惜以死报效国王。"

中山国君听后，感叹地说："怨不期深浅，其于伤心。吾以一杯羊羹而失国矣。即给与不在乎数量多少，而在于别人是否需要。施怨不在乎深浅，而在于是否伤了别人的心。我因为一杯羊羹而亡国，却由于一壶食物而得到了两位勇士。"

这段话道出了人情关系的微妙。

第十章 以「情」动人，储存人情，赢得人心

2. 该"出手"时就"出手"

> 在别人有困难的时候，该出手时就出手，千万别犹豫，
> 这样在你需要人帮助时才有别人热情的双手伸出来。

生活不需要技巧，要获得真正成功的人际关系，需要用一颗诚心去与他人交往，在他们需要帮助时毫不犹豫地伸出你热情的双手。但是不要怀着个人目的，把你要帮助的人当作利用工具，那样将适得其反。如果你做不到这一点，你在帮助他人的时候可以试着将自己忘掉，忘掉你提供的帮助和友爱能够给你带来的好处。

与人交往，对别人的帮助要落在实处，不要停留在口头上。当朋友有难时，我们能够不顾一切地去帮助他，该出手时就出手这才是真正的帮助。

帮助他人也是需要技巧的，也就是说当你想帮助某个人的时候，你要注意具体方法，如何帮助他，才能使他真正受益。如果不注意这一点，你常常会事倍功半，甚至适得其反。一位盲人在大街上着急地用盲杖敲着地面，是在说他不知道该怎么走了。好心的你走上去想帮助他，告诉他左边是北，右边是南，他其实仍然分不清楚，他需要你拉着他的手，带着他走一段路。

琼是一个单身女子，住在纽约的一个闹市区。有一次，琼搬一个大箱子回家。因为电梯坏了，琼只得自己扛着箱子上八层楼。约翰是一个平时没事就在大街上闲逛，偶尔还惹是生非的人。这次他看到琼累得气喘吁吁，于是想上去帮忙，但琼并不信任约翰，以为他图谋不轨。约翰感到非常困惑，他费了很多口舌，想说明他善良的用意，仍

无济于事。琼将箱子从一层搬到二层就再也没有力气搬了。让不让约翰帮忙呢？琼感到矛盾了。最后还是约翰帮她把箱子搬上了八楼。为了表示自己真诚的用意，约翰只将箱子搬到琼的家门口，坚持不进去。后来约翰和琼成了好朋友。

帮助他人要真心诚意，不要随心情，高兴时谁都帮不高兴的时候就谁都不帮。有些人一举一动都在考虑着自己的利益，就别说帮助别人，更别说真心诚意地帮助别人。无私地始终如一地帮助他人，是赢得好人缘的妙方。

帮助他人不能居功自傲。在人际交往中，当我们帮助了他人时，不必以此沾沾自喜，自鸣得意，更不能摆出一副救世主的面孔，因为我们的帮助应该是无私的、诚恳的、不存在半点恩赐的感觉。如果总记得自己有恩于他人，这样活着岂不是很累吗？居功自傲的人也常常因为其骄横的态度而招致别人的不满，人们不愿接受他的帮助，这样的人也不会有好人缘。

3. 送人情要懂艺术

　　送人情绝不是件简单的事情，它需要你时时、处处、事事皆留心。一个能把人情送出艺术的人必是大家拥护的有心人。

　　送人情不仅要懂得分寸，更要懂得艺术。送什么，送多少，何时送，怎么送，都大有学问。送得恰到好处是人情，送得不当是尴尬。不管是无意中送的人情，还是有意送的人情，都有一个让对方如何感受，如何认识的问题。而送人情最重要的不在于你送的情分是否轻，而在于对方感受是否重。所谓"千里送鹅毛，礼轻情义重"说的就是这个道理。通常世人最重视的人情则是雪中送炭，口渴喂水。

　　别小看这"一炭之热"、"滴水之恩"，这样的人情可得倾林相送，涌泉相报。

　　我们在社会上，内心都有一些需求，有的急有的缓，有的重要有的不重要。而我们在急需的时候遇到别人的帮助，则内心感激不尽，甚至终生不忘。濒临饿死时送一只萝卜和富贵时送一座金山，就内心感受来说，完全不一样。有某种爱好的人遇到兴趣相同的人则兴奋不已，以为人生一大快乐。两个人脾气相投，就能交上朋友。所以要落人情，便应洞察此中三昧。

　　三国争霸之前，周瑜并不得意。他曾在军阀袁术部下为官，被袁术任命过一回小小的居巢长，一个小县的县令罢了。

　　这时候地方上发生了饥荒，兵乱使粮食问题日渐严峻起来。居巢的百姓没有粮食吃，就吃树皮、草根，活活饿死了不少人，军队也饿得失去了战斗力。周瑜作为父母官，看到这悲惨情形急得心慌意乱，不知如何是好。

有人献计，说附近有个乐善好施的财主鲁肃，他家素来富裕，想必囤积了不少粮食，不如去向他借。

周瑜带上人马登门拜访鲁肃，刚刚寒暄完，周瑜就直接说："不瞒老兄，小弟此次造访，是想借点粮食。"

鲁肃一看周瑜丰神俊朗，显而易见是个才子，日后必成大器，他根本不在乎周瑜现在只是个小小的居巢长，哈哈大笑说："此乃区区小事，我答应就是。"

鲁肃亲自带周瑜去查看粮仓，这时鲁家存有两仓粮食，各三千斛，鲁肃痛快地说："也别提什么借不借的，我把其中一仓送与你好了。"周瑜及其手下见他如此慷慨大方，都愣住了，要知道，在饥馑之年，粮食就是生命啊！周瑜被鲁肃的言行深深感动了，两人当下就交上了朋友。

后来周瑜发达了，当上了将军，他牢记鲁肃恩德，将他推荐给孙权，鲁肃终于得到了干事业的机会。

人对雪中送炭之人总是怀有特殊的好感。某位小姐如此说："我有一位朋友，我每次需要帮助的时候，他一定出现。例如，我有急事要用车或上班快迟到时需要用车，只要我打个电话他一定到，可以说每求必应。事情一过去，我们又各忙各的。到过年过节的时候，我总是忘不了给他寄一张贺卡，发短信给他拜个年。"

对身处困境的人仅仅有同情之心是不够的，应给以具体的帮助，使其渡过难关，这种雪中送炭，分忧解难的行为最易引起对方的感激之情，因而形成友情。比如，一个农民做生意赔了本，他向几位朋友借钱，都遭回绝。后来他向一位平时交往不多的乡民伸出求援之手，在他说明情况之后，对方毫不犹豫地借钱给他，使他渡过难关，他从内心里感激。后来，他发达了，依然不忘这一借钱的交情，常常给对方以特别的关照。

4. 给人滴水之恩，会得涌泉相报

> 人是社会性的动物"一方有难，八方支援"，只有互相帮助、互相团结，我们才能不断壮大。从另一方面讲，只有在别人遇到困难的时候，你伸出一只手，才能真正获得他的感激。一旦他翻过身来，必定要报答你。

要想做一个有后路的人，就要在平时多给别人提供帮助，多给别人一份关心。有些忙并不需要多大投入，感情到了就可以了。比如，你的朋友躺在医院里，无法再与人交谈，那些势利的人都躲得远远的，这时你出现的意义绝对不凡。同样，若朋友的亲人过世了，你能找个时间陪陪他，与他聊聊天，话不需多说，也能使他感动、舒服。

晋代有一个人叫荀巨伯，有一次去探望朋友，正逢朋友卧病在床。当时的形势十分严峻，敌军刚好攻破城池，烧杀掳掠，城内百姓纷纷携妻挈子，四散逃难，根本来不及照看病人了。朋友劝荀巨伯："我病得很重，走不动，也活不了几天了，而且敌人马上就来了，你赶快自己逃命去吧！"

荀巨伯却不肯走，他说："你把我看成什么人了，我们好久不见了，我远道而来，就是为了看你。现在，敌军进城，你又病着，我怎么忍心扔下你呢？我不会放下你不管！"说完便给朋友熬药去了。

朋友非常着急，百般苦求，叫荀巨伯快走，但荀巨伯却不慌不忙，小心地端药倒水，并安慰朋友说："你就安心养病吧，别多想了，不要管我，天塌下来有我顶着！"

这时门被踢开了，几个身上溅满血迹的士兵冲进来，其中一个喝

道："你是什么人？如此大胆，所有人都跑光了，你为什么不跑？难道你不怕死吗？"

苟巨伯毫无惧色，指着躺在床上的朋友说："我的朋友现在病得很重，我不能丢下他独自逃命。"然后又正色道："请你们别惊吓了我的朋友，有事找我吧。如果能让我替朋友死，我也绝不会有任何怨言！"

敌军首领听着苟巨伯的慷慨言辞，再看看他那从容的态度，很是感动，说："想不到你是一个如此高尚的人，我们怎么能够加害你们呢？走吧！"说完，就带着他的人撤走了。可见，朋友之间患难时，才能体现真正的感情，而这种感情是足以震撼人心的。

德皇威廉一世在第一次世界大战将结束时，由于战败投降，众叛亲离，许多人对他恨之入骨。他只好逃到荷兰去保命。

但就在这个时候，有个小男孩写了一封简短、却流露真情的信，字里行间表达了他对德皇的敬仰。这个小男孩在信中说，无论别人怎么想，怎样看待威廉一世，他将永远都是尊敬的皇帝。德皇被这个陌生孩子的信深深地感动了，邀请他到皇宫来。这个小男孩接受了德皇的邀请，由他母亲带着一同前往。德皇非常喜欢这个小男孩，后来，小男孩的母亲嫁给了德皇。

人们总能敏感地觉察到自己的痛苦，却往往会忽略别人的痛处。很多人从来不愿去了解别人的需要，也不会花时间去关心他人。生活中很少有人能做到"人饥己饥，人溺己溺"的境界，但随时体察一下别人的需要，却是最简单不过的事情。时刻关心身边需要帮助的人，帮助他们脱离困境，给他们以希望和勇气，当你失意之时，别人同样也会向你伸出援助之手。

生活中，无论做什么事情，遇到什么人，不妨灵活点，经常多帮别人一把，别人必定会牢记在心，当你需要帮助时，自然也会对你报之以恩。所以，不要只与那些对你有用处的人在一起，也应多留意一下其他人，多关注一下那些被冷落的人。

5. 做生意也要讲人情味

在许多人的心目中，商场就是战场，充满着尔虞我诈、你死我活的斗争，根本没有什么人情好讲。而聪明的人却不这样认为，他们认为要想在商场上获取竞争的胜利，就要广交朋友，善于付出"感情"，就一定会有意想不到的收获。

中国香港富豪李兆基成功的秘诀就在于他非常善于感情投资，使他的生意也充满了人情味儿。他的哲学是：对长期合作伙伴，一定要让彼此皆大欢喜。

1988年的一天，建筑部的经理偶然向李兆基提及，说承接恒基集团一项工程的承包商要求他们补发一笔酬金，遭建筑部的拒绝。

李兆基便问："承包商为什么出尔反尔呢？一定有他的原因。"

"是的。"建筑部的人回答："他说他当初落标时计错了数。直到如今结账时，才发觉做了一桩亏本生意。"

本来，这是签了合同的，有法律保障，大可不必对此进行处理。

李兆基却说："在市道不俗时，人人赚到钱，唯独他吃亏，也是够可怜的。法律不外乎人情，承包商是我们的长期合作伙伴，反正这个地盘我们有钱赚，也就补回那笔钱给他，皆大欢喜吧！"由此可见，注重人情投资也会使你获利。在做事的过程中，一定要讲点儿人情味儿。

李兆基之所以能成为亿万富翁，做出那么大的局面，这与他善于感情投资，储蓄人情有着十分重要的关系。

 做人赢在获得人心 zuo ren ying zai huo de ren xin

为了取得同事的精诚合作，李兆基给几位左右手一些机会，让他们投股于一些十拿九稳的房地产计划上，让他们能赚到比薪金多几倍的利润。使同事分享业务的盈利，感受做生意的乐趣，对士气肯定会有良好帮助，这是李兆基的一贯态度。

有一次，李兆基就拿出某地产项目的 15% 让身边的 5 位好伙计入股，结果，有一人没那么多钱，只好把股份放弃了 2%。

李兆基知道了这件事，在问明原委之后，对他说："我有机会赚 1 万，都希望你们赚 10 万。这样吧，我把我名下的 2% 股份让给你，股本暂时你欠我的，将来赚到钱，你再偿还给我吧！"于是，大家都赚到了钱。对于李兆基来说，真是本小利大。付出小小的钱，就能赢得一团和气，合作愉快。

对下属，李兆基同样是善用人情，巧妙关怀，扶危济急，赢得一片忠心和无限感激。

有一次，李兆基身边一位任事多年的下属因自己炒楼炒股失败，血本无归，又被证券经纪行迫仓，搞得欲哭无泪，走投无路。

李兆基知道了这件事，也不等对方开口，马上叫来会计，嘱咐说："替他平仓吧。"

当时李兆基的恒基集团也欠下银行很多的债务，可以说是自顾无暇，而市场又不景气。会计便忍不住问了句："在这个时候帮他吗？"李兆基说："就是这个时候，我不帮他，还会有谁帮他？"

这一做法自然是让那位下属感激涕零，做起工作来更加勤恳卖力了。

和气生财，这是李兆基成就事业的秘诀之一。不论对上对下、对内对外，良好的人际关系有时就是一笔巨大的投资，必然会在你需要的时候给你丰厚的回报。

6.情感管理，充分调动下属的智慧

> 一个人的能力是有限的，世界上也没有全才，再聪明的人也有不懂的地方，样样精通的人是神不是人。既然做不到全才，就需要花点心思充分地利用下属的智慧，使他们为自己所用，集大家的智慧为一体，就不会有成不了的事。

一个成功的人，首先应该具备的能力就是要善于利用他人的智慧，为己所用。因为一个人的智慧和能力是有限的，只有集人家的智慧为一体才能成就大事。

格兰仕品牌在中国已经深入人心了，而它的成功却并不是一帆风顺的，其间蕴藏着老板梁庆德多少感情投资。

"如果真的不行了，一定要保住所有的人，一定要让所有的员工都安全！"1994 年市场上一帆风顺的格兰仕却遭遇了一场百年不遇的水灾，偌大的厂区变成一片汪洋。看着为了抢救集团财产而昼夜奋战的格兰仕人，格兰仕创始人梁庆德坚定表示。这么一句话，深藏了多少感情在里面。

"梁庆德是一个低调谨慎、深谙用兵之道和非常讲感情的人。"一位格兰仕区域销售经理这样评价自己的老板，"很多高级管理人员都是冲着老板的知遇礼爱之情而投奔来的。"

无论梁庆德还是格兰仕的执行总裁梁昭贤都不喜欢"职业经理人"这个词。在他们看来，职业经理人只是一种纯粹雇佣关系，缺乏感情。在管理队伍的选人标准上，梁庆德坚持把感情当作一个首要的标准。他认为同一帮人，对企业有没有感情，完全是两种截然不同的工作态度。

梁庆德早就把这种投桃报李式的情感投资注入到格兰仕的管理中。在公司第一次改制、镇政府准备退出格兰仕时，大家觉得风险太大，不愿意认购格兰仕的股份。梁庆德贷款买下其他人不愿意买的股份。当格兰仕呈现出良好的赢利能力时，梁庆德又将当时自己买的股份拿出一部分分给大家。有风险自己扛，有利益大家共享，这就是为什么经理人愿意为他"卖命"的原因。

为了表示对人才的尊重，在高层管理人才的引入上，几乎都是老板亲自出马考察和游说的。

感情终归是感情，经理人还是要靠业绩说话。格兰仕人力资源部叶东经理认为，除了感情投入外，良好的制度保障也是经理人发展必备的环境要求。在很多不同的场合，格兰仕高层都表达过这样的意思：格兰仕不属于家族企业，它是大家的企业。而"德叔"则为来到这里的各种人才搭建了一个"可以充分施展才华的舞台"。

日本著名企业家松下幸之助向来以严格管理闻名，但他对"情感管理"也有一手，充分利用了属下的智慧。

在公司创业之初，为了尽快完成原始的积累，赶超对手，松下的严格管理可说是无所不用其极。这种方法虽说也达到了松下的目的，但随着公司规模的扩大，企业文化的延伸，松下感到只靠严格已管理不了公司了。

松下幸之助是身体比较弱的人，他的精力却特别的充沛。他在管理着那样大的公司时，从来不忘记关心员工的生日。朋友、员工的生日、婚礼，他都会亲自提写贺卡。他的这种举动渗透着一种浓浓的人情味。

每年松下的生日他都会收到许许多多的贺卡和贺电，而他对这些贺电和贺卡一般都要亲自写信表示感谢。他本可以叫秘书打印，但打字的机械往往给人一种拒人于千里之外的感觉，因此他是绝不会采用的。他的亲笔信无论长短，都充满了人情味，这是保持良好人际关系和保持个人形象的有效方式。

最初的松下电器公司，只不过是松下夫妇两人的私人作坊，制作

电绝缘板。后来开始有了一两个雇员。但是在将近七十年的历史中，它却像是由蛹幻化蝴蝶一样，神奇地变成了世界上最大的电器王国之一。这一成功案例是值得每一个欲成大事的男人借鉴学习的。

按照传统的观念，雇主和雇员的关系仅仅是一种雇佣关系。但是松下幸之助管理雇员却不是这样，而是尽一切努力、以不同寻常的热情在雇员中培养他们的企业精神。使雇员把工作当作自己应该为之尽职尽责的事业来做。

松下幸之助的这一管理思想，既提高了雇员的工作效率，又能让所有的员工齐心合力，为促进公司的发展而不懈努力。收到了普通的管理模式所达不到的效果。

松下幸之助在他自己一生的奋斗中深切体会到，善待每一位员工，充分利用他们的智慧和潜能，有利于公司的发展壮大。

日本的企业家以管理严格著称，松下幸之助就是一个典型的代表。大是大非上他严肃对待，但在感情上他懂得善待员工，笼络人心。只有"温情脉脉"地利用感情的钥匙打开员工的智慧之门，企业才能发展壮大。

7. 行动是感情的最好表达

俗话说："行动是无声的教诲。"有时，一大堆的同情话、亲热语，赶不上援一手、投一足的实际小帮助。要想赢得人心，用别人智慧为自己造福，就不仅需要在语言上说得悦耳，在文字中描得生花，最重要的是要在行动上表现得震撼人心。

人类最容易受一些小事情、小恩惠的感情折服。孙子在他的《兵法》中谈到将领带兵的秘诀时，曾经说："要想得到人心，自然有方法，与士兵穿同样的衣服，然后忘记边塞的风霜；与士兵共同生活，然后忘记马上的饥渴；与士兵同行，然后忘记关隘的险阻；与士兵同气息、共命运，然后忘记征战的劳苦；忧士兵的忧，将士兵的伤看成是自己的伤，然后忘记刀剑的伤痕。事事都同情而周到，所以战斗安然，死伤不怕，冒刀枪之险以争先为本，也不知道自己所踏上的是危险。这几样都忘记了，处在险处如同平地，食毒也如同甘饴。"这就是至理。古代的好将领与善于安抚百姓的人，就是这样的。

诸葛亮说："古代善于带兵的将领，培养他人就像培养自己的儿子。有危难就身先士卒，有功劳就退身在后，死去的人表示悲哀并安葬他，负伤的人流着眼泪安抚他，饥饿的人将自己的食物给予他，受冻的人脱自己的衣服温暖他，聪明的人依礼给他俸禄，勇敢的人经奖赏而规劝他。当将领的人能做到这样，就能所向披靡，每战必胜。"不仅对士兵要这样，对待平民百姓也应该这样。所以古人说："不役使耳目，百度惟贞。"又说："玩人丧德，玩物丧志。"抑制自己的物质欲望与物质享受，在军事将领中得到更加广泛的运用。

只有你付出一些行动，在行动上感化人，下属才会为你卖命。

我国古代的司马穰苴，是由百夫长而一下直升为大将的，准备出师抵抗晋兵时。斩杀庄贾，以立威立信立法而行。他曾经说："士兵的伤亡，饮食生活，问病医药，都要躬身过问，要熟悉军队的粮草、士兵的待遇以及各方面的情况，与士兵们平分食物，与他们比较输赢。"三日后才出师，生病的人都要求同行，争着出战，都愿意为他赶赴战场。晋军听说后，班师回朝；燕军听说了，渡水撤退。

不战而屈人之兵。这是孙子兵法里上上之策，要想做到这一点，做为大将一定要在行动上进行感情投资，以感化士兵战争的勇气，敌方见士气逼人，不用战争就首先败下阵。

古代最出名的将领之一吴起，曾经拜鲁国曾子为师，学习儒术。

吴起治军号令严明，军纪森严，赏罚严明，任贤用能。尤为难能可贵的是，他处处以身作则，为人表率，和普通士兵吃相同的饭菜，穿一样的衣服，行军时不骑马，不乘车，背负干粮，坚持与士卒一起步行。吴起统率魏军攻打中山国时，有一个士兵身上长了毒疮，辗转呻吟，痛苦不堪。吴起巡营时发现后，毫不犹豫地跪下身子，把这位士兵身上毒疮中的脓血一口一口地吸吮出来，解除了他的痛苦。士兵的母亲听说了这件事，大哭。别人说："你儿子仅仅是个普通士兵，却得到将军为你儿子吮血，应是光荣之事，为什么还要哭呢？"士兵的母亲说："不是这样呀，前几年吴将军为他的父亲吮吸疮口，结果他的父亲直到战死也决不回首。今日吴将军又为他的儿子吮血，我真不知我儿子要死在哪里了，我因此哭。"

当时吴起所事的魏文侯因为吴起善于用兵，而且廉洁正直，能够得到士卒的拥护，便让他在西边守护黄河西岸的魏国土地，同时抵御韩国和秦国的入侵。

明代将领史可法，不仅与战士同甘共苦，而且"士不饱，不先吃；未受衣，不先御"。督军作战时，就"行不张盖，吃不重味，夏天不怕热，冬天不穿皮衣，睡觉不脱衣服"。这些都是最具有影响力的行为。

8. 慷慨散财积蓄人情

牛根生说："从无到有是很快乐的，但最大的快乐是从有到无。死在巨富的行列里是一件可耻的事，人生最快乐的时候是你散钱的时候。"这是他储蓄人情的秘密，也是他事业成功的秘密。

牛根生的"散财"，在企业界是出了名的。当初牛根生离开"伊利"后，能在很短的时间内筹集到创立"蒙牛"的资金，能吸引到如此众多的人才，不是靠一时的幸运，这都得益于他懂得吃亏，乐于与人分享财富，善于积蓄人情的处世艺术。

牛根生在"伊利"工作期间，因为业绩突出，年底公司分配给他个人一笔奖金，他竟然将其全部分给了下属。还有一年，公司给他拨款一百多万元，让他买高级轿车。结果，他买了 5 辆面包车，因为他下属的几个部门都需要交通工具。他宁可自己吃亏，以成全部下的利益，这让他存下了日后成功的坚强的人情后盾。

在牛根生决定自己创业的时候，缺少资金的支持，他的很多老同事、朋友听说后，主动把钱凑了起来，资金问题轻而易举地就解决了。"蒙牛"企业成立也只有六七年的时间，但是在牛根生"小胜凭智，大胜靠德"、"财聚人散，财散人聚"的经营哲学下，3年内销售额增长了 50 倍，在全国乳制品企业中的排名由第 1116 位上升至第 4 位，成为行业的龙头。

2004 年 6 月，"蒙牛"集团在香港主板成功挂牌上市，共发行 3.5 亿股。当时香港主板市场市道低迷，"蒙牛"却跑赢大市，激活了一度低迷的香港股市。按照《福布斯》的排名，当时牛根生身价1.35亿美元，居于中国富豪排行榜107位。让人大跌眼镜的是，就在外界对牛根生的"财富"议论纷纷的时候，2005年1月12日，"散财大师"牛根生又做出了一个更加惊人的决定：捐出个人拥有的全部"蒙牛"股份10亿元人民币，成立老牛基金会，支持"蒙牛"百年发展，而且决定在自己去世之后，股份全部捐给"老牛基金会"，家人只可领取不低于北京、上海、广州三地平均工资的月生活费。

牛根生谈到自己的这些"散财"行为时表示，自己坚守"财散人聚，财聚人散"的哲学，这实质上就是吃亏的一种艺术，一种储蓄人情、赢得人心的艺术。他说："如果你有一个亿放在家里，迟早会被人偷，但如果放在朋友家里，一人一块钱，绝对丢不了。"

"没有过去的散财，也不可能在那么短的时间里聚集到三四百有15年以上工作经验的乳业专门人才，也不可能取得现在的成绩"。牛根生据此来印证自己"散财"得人情的善报。

慷慨散财看似损害了自己的短期利益，让自己吃了亏，但由此带来的回报却是不可小觑的，那些显贵者大多都很大度。据说，李嘉诚给下属定了个"规矩"，与客户谈生意只许赚10%的利润，而让对方赚90%。他说，让利给客户，送出人情，人家才愿意和你打交道，你谈成10个生意就赚了百分之百，还是赚了大钱。这就是李嘉诚成功的秘诀。

两个商界的传奇人物，以他们的经历告诉我们，要想成功做事，必先学会让利，成功储蓄人情。

对待金钱，不能做一毛不拔的铁公鸡，经济学中有个名词叫"投入产出"。做人亦如此。不吃小亏怎么能得到大利益呢？要知道，吝啬鬼、守财奴是永远发不了财的，因为他们每天都沉浸在那些"仨瓜俩枣"小利的算计中，结果反而会因小失大。中国历史上的陶朱公（范蠡），一生三次迁徙，最后定居于陶。每到一地他都凭智慧赚钱，曾三掷千金，他赚钱的"秘诀"是散财，他赚到的钱财皆用来资助亲友乡邻，可谓是"千金散尽还复来"。

当然，慷慨散财不等同于"大花筒"，不是去乱花钱，而是一种理性的投资——人情的投资。生活中，与人相处大气一点，舍弃一点私利，处处想着他人，这是一种美德，能让你结下良好的人缘，为你日后的成功营造好"人情"环境。

第十章

以「情」动人，储存人情，赢得人心

9.吃点小亏，赚取更多人情

生活中的聪明人，总是善于吃亏，为了大的目标他们
不介意吃点小亏，并且善于从吃小亏中得到更多的利益。

"吃亏是福"，这是古代智者对吃亏的看法，它浓缩着丰富的人生经验，包含着深刻的人生哲理。但在现实中，有些人做事时往往把眼前的利益看得很重，结果反而失去了永远的利益。要想成功，一定要避免这种错误，适时地放下眼前利益，吃点小亏，存下人情，你得到的将是人生的大胜利。

"塞翁失马，焉知非福"的故事人人皆知，它就告诉我们即使是看起来很坏的"吃亏"，也会带来意想不到的好处。生活中此类事很常见，如果你善于放下，不计较于吃眼前的一点小亏，有时看似吃亏的事反而可以获得更多的利益。

"管鲍之交"的故事可以说是善于放下小利，存储人情，获得更多福祉的最好例证。春秋时，齐国有一对很好的朋友，一个叫管仲，另一个叫鲍叔牙，年轻的时候，管仲家里很穷，又要奉养母亲。鲍叔牙知道了，就找管仲一起投资做生意。做生意的时候，因为管仲没有钱，所以本钱几乎都是鲍叔牙拿出来投资的。可是，赚了钱以后，管仲却拿得比鲍叔牙还要多。鲍叔牙的仆人看了就说："这个管仲真奇怪，本钱拿得比我们主人少，分钱的时候却拿得比我们主人多！"鲍叔牙却对仆人说："不可以这么说！管仲家里穷又要奉养母亲，多拿一点没有关系的。"有一次，管仲和鲍叔牙一起去打仗，每次进攻的时候，管仲都躲在最后面，大家就骂管仲说："管仲是一个贪生怕死

的人！"鲍叔牙马上替管仲说话："你们误会管仲了，他不是怕死，他得留着他的命去照顾老母亲呀！"管仲听到后说："生我者父母，知我者鲍叔牙！"

公子小白当上齐国国王后，决定封鲍叔牙为宰相，鲍叔牙却对小白说："管仲各方面都比我强，应该请他来当宰相才对啊！"鲍叔牙推荐管仲以后，自己甘愿做他的下属，管仲得到重用后，竭尽所能，把齐国治理得很好，而鲍叔牙的子孙世世代代在齐国吃俸禄。天下的人无不赞美管仲的才干，以及鲍叔牙的善解人意。

试想，如果鲍叔牙不懂得放下眼前利益，吃点小亏，存储人情，怎么可能让管仲对自己充满了感激之情？也许早就和管仲闹得不可开交了，更别谈以后共同治理齐国了。从小处说，这可能只是失去了一个朋友；从大处说，没有了管仲的治国谋略以及二人的配合，也许会影响整个齐国的发展。鲍叔牙吃眼前亏，却能从高处俯瞰一些小问题，从而于己于国都获得了莫大的福祉。

要想成就大事，就要善于放下眼前利益，吃点眼前亏，留下人情，这样才能获得更大的益处。

第十章 以『情』动人，储存人情，赢得人心

10. 吃眼前亏，得大人情

古人云："好汉不吃眼前亏。"好像只有这样，才能不丢失男子汉的气概，才能被人看得起，所谓"士可杀，不可辱"，大概就是这个道理了。但在现实生活中，有时吃点小亏反而能占大便宜，所以要想谋大事，就要吃得起"眼前亏"，从眼前的人情积蓄开始。

"好汉要吃眼前亏"的目的，是以吃"眼前亏"来换取其他的利益，是为了生存和实现更远的目标。如果因为不吃眼前亏而蒙受巨大的损失，甚至把命都丢了，哪还谈得上日后的成功呢？

在人们的心目中，好汉的标准是要光明磊落、果断勇敢、敢作敢为，在任何时候都会保护好自己的利益不受他人侵害，但这也得有个度来衡量。如果因一时莽撞，逞血气之勇，认为"士可杀不可辱"，"吃不得一点眼前亏"，结果会为一件微不足道的小事而吃大亏，到时后悔都来不及。真正的好汉是不会那样做的。有时，吃点"眼前亏"是为了换取以后的"长远利益"，敢于吃眼前亏的好汉，并不是面对危害自己的一点利益就不顾性命的一介莽夫，他们是在以眼前小亏换取日后大益。这样的人，才是真正的好汉。

有不少人固守着"好汉不吃眼前亏"的原则，为了所谓的"面子"和"尊严"，甚至为了所谓的"公理"和"正义"而与对方搏斗，有些人因此而一败涂地，命丧他乡！有些虽获"惨胜"，但是元气大伤！那时候你是否想过自己到底是输还是赢？古代有很多名人智士都深知"吃眼前亏"的好处，比如，廉颇和蔺相如的故事，众人皆知，试想

做人赢在获得人心

zuo ren ying zai huo de ren xin

如果蔺相如吃不起眼前亏，和廉颇争一时之气，又怎会有"负荆请罪"的千古佳话。吃点眼前亏，不仅可以显示自己宽宏的气度，还能保住有用之躯，不失为一种聪明之举。古语说得好：吃亏人常在世，贪小便宜寿命短。所以，当你碰到对你不利的环境时，千万别逞血气之勇，宁可吃点眼前亏，对你也许有好处。

有一个经营装修器材的老板，他没有文化，也没有社会背景，但生意却是出奇得好，而且历经多年，长盛不衰。说起他的经营之道其实相当简单，就是他与每个合作者分利的时候，他都只拿小头，把大头让给对方。让对方欠下他的人情。这样一来，凡是与他合作过一次的人，都愿意与他继续合作，而且还会介绍一些朋友，再扩大到朋友的朋友，结果许多人也都成了他的客户。人人都说他好，因为他只拿小头，但所有人的小头集中起来，就成了最大的大头，所以他才是真正的赢家。

在人际交往中，如果人们能舍弃某些蝇头微利，也将有助于塑造良好的自我形象，获得他人的好感，为自己赢得友谊和影响力。有句口头禅说得好："大人不计小人过。"即遇事不要与人斤斤计较，应该把便宜、方便让给他人，这样你与他人之间的矛盾就会减少，人际关系也会融洽，这才是君子风范，智者的处世之道。

好汉要吃眼前亏，吃点眼前亏方可储蓄人情，以后才能占大便宜。但是吃亏也是有技巧的，会吃亏的人，亏吃在明处，便宜占在暗处，这也是待人处世的大智慧。每一位做大事的人，都须领悟这种做人的玄机。

11. 目光长远，放小人情当大赢家

> 很多喜欢占小便宜的人，不舍得放弃眼前看得见的利益，这也是他们之所以沦为庸人的原因之一。若能把眼光放长远一些，做到见树木而知森林，那离成功的日子也就不远了。

1933年，经济危机笼罩着整个美国，大小企业纷纷破产，有些尚存的企业也是如履薄冰，小心翼翼。而就在这危机重重的时刻，哈里逊纺织公司发生了一起大火灾，整个工厂化为一片废墟。3000多名员工回到家里，悲观地等待着老板宣布破产和失业风暴的来临。

在漫长的等待中，老板的第一封信到了。信里没提任何条件，只通知每月发薪水的那天，照常去公司领取这个月的薪金。

在整个美国一片萧条的时候，能有这样的消息传来，员工们大感意外，他们纷纷写信或打电话向老板表示感谢，老板亚伦·傅斯告诉他们，公司虽然损失惨重，但员工们更苦，没有工资他们无法生活，所以，只要他能弄到一分钱，也要发给员工。

3000多名员工一个月的薪水该是多么大的一笔款项呀！纺织公司已经化成一片废墟，别说是处在经济萧条时期，就是在经济上升时期也很难恢复元气。既然恢复无望，亚伦·傅斯还要掏自己的腰包给已经没有工作的工人发工资，那不是愚蠢的行为吗？当时，曾有人劝傅斯，你又不是慈善机构，也不是福利机构，这时候，你不赶紧一走了之，却还犯傻给工人发工资，真是疯了。

一个月后，正当员工们为下个月的生计犯愁时，他们又收到老板

的第二封信，信上说再支付员工一个月的薪水。

员工们接到信后，不再是意外和惊喜，而是感动得热泪盈眶。在失业席卷全国，人人生计无着，上着班都拿不到工资的时候，能得到如此的照顾，谁能不感念老板的仁慈与善良呢？

第二天，员工们陆陆续续走进公司，自发地清理废墟，擦洗机器，还有一些主动去南方联系中断的货源，寻找好的合作伙伴。

三个月后，哈里逊公司重新运转了起来，这简直就是一个奇迹。这个奇迹是由员工们使出浑身解数，恨不得每天24小时全用在工作上，日夜不停地奋斗创造出来的。

就这样，亚伦·傅斯凭着敢于"吃亏"的精神，用很小的经济投入，收获了员工们的大人情，使自己的事业起死回生，然后又蒸蒸日上。现在，这个公司已经成为美国最大的纺织公司，分公司遍布五大洲60多个国家。

普通人肯定无法理解亚伦·傅斯的行为，在经济困顿之时，不克扣工人的工资也就罢了，还无偿地给工人发放工资，这不是吃了大亏了吗？但就是因为亚伦·傅斯不计较眼前利益的得失，放长线使自己成为了大赢家，将自己的公司做大做强。

所以，要想成功，就一定要把眼光放长远点儿，今天放下的一点小人情，或许日后就是你成功的坚实力量。

12. 先储蓄人情，后得大实惠

> 人活在世上，不能总是想着占别人的便宜，有时候吃点亏，储蓄点人情未必是坏事。一位外国学者这样说，会快乐生活的人，并不一味地争强好胜，在必要的时候，宁肯后退一步，做出必要的自我牺牲。

"失之东隅，收之桑榆"，一个人只有愿意吃小亏、敢于吃小亏，不去事事占便宜、讨好处，才有大便宜可占。相反，那种事事处处要占便宜、不愿吃亏的人，到头来反而会吃大亏。这也是为许多历史故事所证明的。

春秋末年，齐国的国君横征无度，苛捐杂税严重，害得民不聊生。田成子看到这种情况后说："公室用这横征暴敛的手段榨取民脂民膏，'取之犹舍也'。"于是他就派人做了大小两种斗，把自己的粮食用大斗借给饥民，用小斗回收还来的粮。田成子这种惠民的政策深得民众拥护，纷纷前来投靠田成子，给田成子种地。一时民归如流水，最终齐国国君宝座为田氏家族所得，他的成功不能不归功于先前的储蓄的人情吗？

史学家范晔说："天下皆知取之为取，而不知与之为取。"其实，田成子是用粮食换得了比粮食更重要的人心。得与失是相互转化的，失只是一时的，伴随失去而来的是收获。

无独有偶，孟尝君也是一个尝到了储蓄人情甜头的君子。冯谖是孟尝君门下的一个食客，感动于孟尝君在自己落魄时候的真诚相待，决心为孟尝君效力。

一次，孟尝君要派人到封地薛邑去收租，问谁肯去。冯谖便自告奋勇地说他愿意去。临走的时候，冯谖问孟尝君回来时要买点什么，孟尝君就告诉他说你看家里缺点什么就买点什么吧。于是冯谖就去了薛地。到达以后，他把民众召集到一起，对大家说：孟尝君知道大家生活困难，所以特意派我来告诉大家，以前欠的债一律作废。

百姓都目瞪口呆，怎么也不相信。冯谖为了使大家相信，当着百姓的面把债券烧了。百姓都感动得跪下，高呼孟尝君是好人。冯谖两手空空回来了，并报告说债已收毕。孟尝君很高兴，问他买了点什么回来。冯谖说买了"义"回来。接着便讲了事情的来龙去脉。孟尝君听后很不高兴，说："好你的'义'！"

数年以后，孟尝君被谗言所害，逃回薛地。薛地的百姓成群结队地走数里来迎接孟尝君。至此，孟尝君才真正体会到冯谖给他"种"下的义——人情。所以说，好与者，必多取。暂时的损失，会带来更大的收获，先存下人情，以后才能收获更大的幸运。

13. 不忌小怨，换取人情

> "做大事者不忌小怨"是一种处世的境界，这种境界决定着一个人的气度，正所谓"元帅肩上能跑马，宰相肚里能撑船"。有容之量，为自己赢得人心、人情，便是王者的力量。

朱鲔是刘玄的心腹，更是一位能征善战的将领，同时也是杀害刘秀的哥哥刘摈的元凶之一。当他率领 30 万大军据守洛阳的时候，刘秀派大司马吴汉率领王梁、岑彭、贾复等大将前往征讨。

当时刘玄已经被赤眉军废去帝号，其号召力大大减弱了，今又大兵临城，朱鲔随时会有城破人亡之危。但他曾经杀害过刘秀的哥哥，是刘秀的仇人，如果投降必定是死路一条，如此还不如准备战死。所以他坚守不出，让刘秀无可奈何。刘秀全力围攻了几个月，损兵折将，但洛阳还是攻不下。面对这种形势，刘秀感到强攻不行，就开始劝降。他知道大将岑彭曾在朱鲔手下担任过太守，于是就派他到城中对朱鲔进行劝说。

岑彭见到朱鲔后，动之以情，晓之以理，说道："彭往者得执鞭侍从，蒙荐举拔擢，常思有以报恩。今赤眉已得长安，更始为三王所反，皇帝受命，平定燕、赵，尽有幽、冀之地，百姓归心，贤俊云集，亲率大兵，来攻洛阳。天下之事，逝其去矣。公虽婴城固守，将何待乎？"

朱鲔深知形势对自己不利，他无奈地说："刘搪被害时，鲔与其谋，诚自知罪深。"

岑彭听了以后，不敢擅做主张，回来详细地向刘秀汇报了。刘秀表现出宽广的胸怀，他说："夫建大事者，不忌小怨。鲔今若降，官爵可保，况诛罚乎？"

刘秀的承诺使岑彭心里有了底，他再往劝降。朱鲔为了试探刘秀是否真诚，让人从城上放下一条绳索，随即对岑彭说："必信，可乘此上。"岑彭毫不犹豫，马上抓住绳索就要向上爬。朱鲔见其诚心，当即答应投降。

几天后，朱鲔让人把自己捆起来，一个人到汉军营中投降。刘秀不但没有任何责罚之意，而且还亲自给他解开了绳索，并且封他为平狄将军。天下统一后，刘秀也没有像有的帝王那样战时笼络人心，秋后再算账，而是继续相信朱鲔，任命他为少府，传封累代。

刘秀对待朱鲔的态度起了明显的积极效果，很多敌对者见刘秀对于杀兄仇人尚且能委以重用，就更没有忧虑了，纷纷前来投靠。

刘秀用自己顾全大局不记小怨的度量，换得了人情，赢得了人心。对兵败求降的人，刘秀从不用诈。当他攻打王郎的时候，王郎不支，派大将杜威请降，杜威提出投降的条件，请刘秀封王郎为万户侯。刘秀说："顾得全身可矣。"当刘恭替刘盆子乞降的时候，问怎样对待刘盆子，刘秀说："待以不死耳。"明明白白，毫无欺饰，深得人们的称赞。

刘秀这种正大光明的做法，王夫之非常的称赞，他说刘秀以大义为重，不行权术，比唐高祖李渊诈许李密投降而后逼其复反而杀之，要高明得多。